NE능률 영어교과서

대한민국 고등학생 **10**명 중 **4.7**명이 보는 교과서

영어 고등 교과서 점유율 1위

(7차, 2007 개정, 2009 개정, 2015 개정)

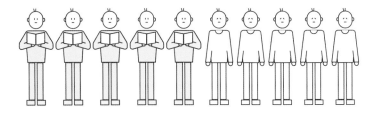

리딩튜터

그동안 판매된
리딩튜터 1,900만 부
차곡차곡 쌓으면 19만 미터

에베레스트 21 배 높이

190,000m

에베레스트 8,848m

능률보카

그동안 판매된
능률VOCA 1,100만 부

대한민국 박스오피스
천만명을 넘은 영화 단 28개

VO CA

그래머존

그동안 판매된 450만 부의 그래머존을 바닥에 쭉~깔면

1000km 서울-부산 왕복가능

서울

부산

· 중학영문법 ·

총정리
모의고사

LEVEL 1

지은이	NE능률 영어교육연구소
선임연구원	김지현
연구원	박수경
외주 연구원	한정은
영문교열	Patrick Ferraro, Bryce Olk, Michael Ledezma
디자인	민유화
맥편집	허문희

교재 개발에 도움을 주신 분 김용진

Let's grow together

NE능률이
미래를
창조합니다.

건강한 배움의 고객가치를 제공하겠다는 꿈을 실현하기 위해
40년이 넘는 시간 동안 열심히 달려왔습니다.

앞으로도 끊임없는 연구와 노력을 통해
당연한 것을 멈추지 않고

고객, 기업, 직원 모두가 함께 성장하는 NE능률이 되겠습니다.

· 중학영문법 ·

총정리
모의고사

내 · 신 · 상 · 위 · 권 · 을 · 위 · 한

STRUCTURES & FEATURES

1. 시험에 진짜 나오는 문법 포인트

● 필수 문법을 관련 문법 항목끼리 묶어 수록하였습니다.

● 〈내신 빈출 문법〉을 통해 학교 시험에 자주 출제되는 문법 사항을 익힐 수 있습니다.

2. UNIT 모의고사 2회

신경향 기출 유형을 반영한 모의고사를 매 UNIT당 2회씩 수록하였습니다. 서술형을 포함하여 학교 시험에 자주 출제되는 문제 유형을 집중 훈련할 수 있습니다.

3. 누적 총정리 모의고사 5회

각 UNIT의 문법 항목을 모두 포함한 〈누적 총정리 모의고사〉를 총 5회 수록하였습니다. 문제를 풀면서 배운 문법을 총정리할 수 있습니다.

학습 계획·현황

26일 완성, 16일 완성, 12일 완성의 3가지 학습 계획 중, 자신에게 맞는 것을 선택하여 계획을 세우고, 현황을 기록할 수 있습니다.

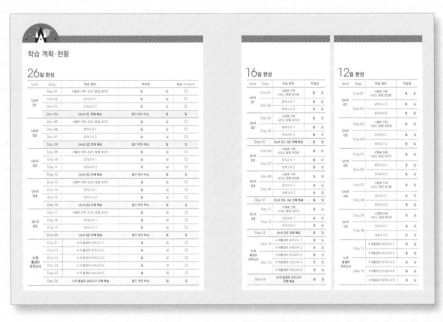

학습 확인표

문항별 출제 포인트를 확인할 수 있는 〈학습 확인표〉를 통해 취약한 문법 항복을 점검하고 복습할 수 있습니다.

정답 및 해설

문항별 출제 포인트를 수록하여 문제의 핵심을 쉽게 파악할 수 있고, 해석과 해설, 어휘를 자세히 수록하여 자습이 용이합니다.

[기출응용], [통합유형]으로 학교 시험에 완벽하게 대비할 수 있습니다.

04 기출응용 천안 00중 1학년

다음 짝지어진 대화가 어색한 것을 모두 고르시오. (2개)

① A: May I ask you a favor?
　 B: Yes, you may.
② A: Can she speak Russian?
　 B: No, she won't.
③ A: Should I arrive there before 7 p.m.?
　 B: Yes, you should.
④ A: Will you come to my house for dinner?
　 B: Yes, I won't.
⑤ A: Do I have to wait here?

06 통합유형

a. ＿＿＿＿＿ she able to swim?
b. He ＿＿＿＿＿ in China at that time.
c. It ＿＿＿＿＿ cloudy yesterday.

① Is[is]　　　② Are[are]
③ Was[was]　④ Were[were]
⑤ Am[am]

통합유형: 관련 문법 항목들이 통합된 문제 유형

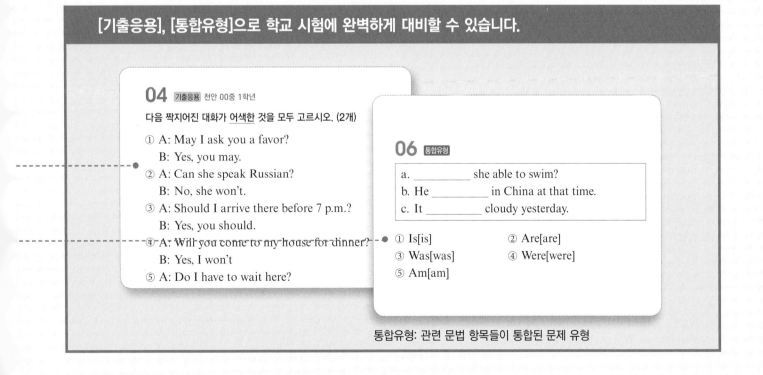

CONTENTS

학습 계획·현황

26일 완성

Unit	Day	학습 범위	학습일		복습 Check
Unit 01	Day 01	시험에 진짜 나오는 문법 포인트	월	일	☐
	Day 02	모의고사 1	월	일	☐
	Day 03	모의고사 2	월	일	☐
	Day 04	**Unit 01 전체 복습**	틀린 문항 복습:	월	일
Unit 02	Day 05	시험에 진짜 나오는 문법 포인트	월	일	☐
	Day 06	모의고사 1	월	일	☐
	Day 07	모의고사 2	월	일	☐
	Day 08	**Unit 02 전체 복습**	틀린 문항 복습:	월	일
Unit 03	Day 09	시험에 진짜 나오는 문법 포인트	월	일	☐
	Day 10	모의고사 1	월	일	☐
	Day 11	모의고사 2	월	일	☐
	Day 12	**Unit 03 전체 복습**	틀린 문항 복습:	월	일
Unit 04	Day 13	시험에 진짜 나오는 문법 포인트	월	일	☐
	Day 14	모의고사 1	월	일	☐
	Day 15	모의고사 2	월	일	☐
	Day 16	**Unit 04 전체 복습**	틀린 문항 복습:	월	일
Unit 05	Day 17	시험에 진짜 나오는 문법 포인트	월	일	☐
	Day 18	모의고사 1	월	일	☐
	Day 19	모의고사 2	월	일	☐
	Day 20	**Unit 05 전체 복습**	틀린 문항 복습:	월	일
누적 총정리 모의고사	Day 21	누적 총정리 모의고사 1	월	일	☐
	Day 22	누적 총정리 모의고사 2	월	일	☐
	Day 23	누적 총정리 모의고사 3	월	일	☐
	Day 24	누적 총정리 모의고사 4	월	일	☐
	Day 25	누적 총정리 모의고사 5	월	일	☐
	Day 26	**누적 총정리 모의고사 전체 복습**	틀린 문항 복습:	월	일

16일 완성

Unit	Day	학습 범위	학습일	
Unit 01	Day 01	시험에 진짜 나오는 문법 포인트	월	일
	Day 02	모의고사 1	월	일
		모의고사 2	월	일
Unit 02	Day 03	시험에 진짜 나오는 문법 포인트	월	일
	Day 04	모의고사 1	월	일
		모의고사 2	월	일
Day 05		**Unit 01, 02 전체 복습**	월	일
Unit 03	Day 06	시험에 진짜 나오는 문법 포인트	월	일
	Day 07	모의고사 1	월	일
		모의고사 2	월	일
Unit 04	Day 08	시험에 진짜 나오는 문법 포인트	월	일
	Day 09	모의고사 1	월	일
		모의고사 2	월	일
Day 10		**Unit 03, 04 전체 복습**	월	일
Unit 05	Day 11	시험에 진짜 나오는 문법 포인트	월	일
	Day 12	모의고사 1	월	일
		모의고사 2	월	일
Day 13		**Unit 05 전체 복습**	월	일
누적 총정리 모의고사	Day 14	누적총정리 모의고사 1	월	일
		누적총정리 모의고사 2	월	일
	Day 15	누적총정리 모의고사 3	월	일
		누적총정리 모의고사 4	월	일
		누적총정리 모의고사 5	월	일
Day 16		**누적 총정리 모의고사 전체 복습**	월	일

12일 완성

Unit	Day	학습 범위	학습일	
Unit 01	Day 01	시험에 진짜 나오는 문법 포인트	월	일
	Day 02	모의고사 1	월	일
		모의고사 2	월	일
Unit 02	Day 03	시험에 진짜 나오는 문법 포인트	월	일
	Day 04	모의고사 1	월	일
		모의고사 2	월	일
Unit 03	Day 05	시험에 진짜 나오는 문법 포인트	월	일
	Day 06	모의고사 1	월	일
		모의고사 2	월	일
Unit 04	Day 07	시험에 진짜 나오는 문법 포인트	월	일
	Day 08	모의고사 1	월	일
		모의고사 2	월	일
Unit 05	Day 09	시험에 진짜 나오는 문법 포인트	월	일
	Day 10	모의고사 1	월	일
		모의고사 2	월	일
누적 총정리 모의고사	Day 11	누적총정리 모의고사 1	월	일
		누적총정리 모의고사 2	월	일
		누적총정리 모의고사 3	월	일
	Day 12	누적총정리 모의고사 4	월	일
		누적총정리 모의고사 5	월	일

UNIT별 모의고사

UNIT 01

인칭대명사와 be동사, 조동사

A 인칭대명사와 be동사

1 인칭대명사와 격

인칭대명사가 문장에서 주어 역할을 하면 주격, 목적어 역할을 하면 목적격을 쓴다. 명사 앞에서 '~의'라는 의미를 나타낼 때는 소유격을 쓰며, 명사와 소유격을 대신하여 '~의 것'이라는 의미를 나타낼 때는 소유대명사를 쓴다. →고유명사의 소유격은 뒤에 's를 붙여 나타낸다.

수	인칭	주격	소유격	목적격	소유대명사
단수	1	I	my	me	mine
	2	you	your	you	yours
	3	he	his	him	his
		she	her	her	hers
		it	its	it	-
복수	1	we	our	us	ours
	2	you	your	you	yours
	3	they	their	them	theirs

Chris is a doctor. **He** takes care of sick people. 〈주격〉
His house is on Main Street. **Its** roof is green. 〈소유격〉
Yumi is a kind girl. I like **her**. 〈목적격〉
My dad's cell phone is old. **Mine** is new. 〈소유대명사〉

2 be동사

a be동사의 현재형

단수				복수			
인칭	주어	be동사	줄임말	인칭	주어	be동사	줄임말
1	I	**am**	I'm	1	we		we're
2	you	**are**	you're	2	you		you're
3	he	**is**	he's	3	they	**are**	they're
	she		she's				
	it		*it's				

I **am** (= I'm) 14 years old.
They **are** (= They're) from Korea.

→it is의 줄임말 it's와 it의 소유격, its를 혼동하지 않도록 주의한다.

b be동사의 과거형

단수			복수		
인칭	주어	be동사	인칭	주어	be동사
1	I	**was**	1	we	
2	you	**were**	2	you	
3	he	**was**	3	they	**were**
	she				
	it				

I **was** in Canada last summer.
We **were** at the park two hours ago.

인칭대명사
사람이나 사물을 대신하여 지칭하는 말로 수와 인칭, 문장에서의 역할(격)에 따라 모양이 다르다.

> **· 내신 빈출 문법**
> 비(非)인칭주어 it
> 사람, 사물을 가리키는 인칭대명사 it과 달리 비인칭주어 it은 날씨, 시간, 요일, 계절, 거리, 날짜, 명암 등을 나타내는 문장의 주어로 쓰인다. 이때 it은 '그것'이라고 해석하지 않는다.
>
> **It** is almost 8 o'clock. 〈시간〉
> **It** is July 7. 〈날짜〉
> **It** is dark outside. 〈명암〉

be동사
주어 뒤에 쓰여 '(주어가) ~이다, (~에) 있다'라는 의미를 나타내며, 주어의 수와 인칭, 시제에 따라 모양이 변한다.

c be동사의 부정문 → *am not을 amn't로 줄여 쓰지 않는다.*

I **am not** (= I**'m not**) a kid anymore.
He **is not** (= He**'s not** 또는 He **isn't**) in the office right now.
It **was not** (= It **wasn't**) expensive.
We **were not** (= We **weren't**) late for school.

d be동사의 의문문

Are you hungry now? – Yes, I am. / No, I'm not.
Is she the new science teacher?
Were you home last night?

3 There + be동사

There is[was] + 단수명사, 셀 수 없는 명사
There are[were] + 복수명사

~가 있다[있었다]

There is a special gift on the desk.
There are lots of books in the library.
There wasn't a key on the table.
Is there a sofa in your room?

B 조동사

1 will 미래의 일, 주어의 의지 (~할 것이다, ~하겠다)

It **will** *be* cold tomorrow.
I **won't** (= will not) *tell* your secret to anyone.
Will you *invite* Hans to the party? - Yes, I will. / No, I won't.

2 be going to 미래의 일, 계획 (~할 것이다, ~할 예정이다)
→ *주어의 인칭이나 수에 따라 be동사의 형태가 변한다.*

I **am going to** *visit* her this afternoon.
She **was going to** *make* a cake for me.
What **are** you **going to** *have* for lunch?

3 can

a 능력, 가능 (~할 수 있다) = be able to
→ *will과 함께 쓰여 미래를 나타낼 수 있다.*

He **can** (= **is able to**) *hold* his son with one arm.
You will **be able to** *understand* it one day.
[~~You will can understand it one day.~~]

b 허가 (~해도 좋다)

The test is over. You **can** *leave* the classroom.
Can I *use* your computer? – Yes, you can. / No, you can't.
Could I *ask* you a personal question?
→ *허락을 구할 때, can의 과거형인 could를 쓰면 더 공손한 표현이 된다.*

4 may

a 허가 (~해도 좋다)

You **may** *use* my cell phone.

May I *sit* here? – Yes, you may. / No, you may not.

b 약한 추측 (~일지도 모른다)

I'm not sure, but he **may** *be* right.

5 must

a 의무 (~해야 한다) = have to

She **must** (= **has to**) *wear* a helmet.
→ '의무'를 나타낼 때에만 must와 have to를 바꿔 쓸 수 있다.

b 강한 추측 (~임에 틀림없다)

He **must** *be* hungry. [He has to be hungry.]

6 have to 의무 (~해야 한다) = must

Debby **has to** (= **must**) *finish* her work by Friday.

You will **have to** *wait* for two hours.
→ have to는 주어의 인칭이나 시제에 따라 형태가 변하며 다른 조동사와 함께 쓰일 수 있다.

[You will must wait for two hours.]

7 should 가벼운 의무, 충고, 제안 (~해야 한다, ~하는 것이 좋다)

You **should** *exercise* twice a week.

Students **shouldn't** *be* late for class.

· 내신 빈출 문법

must와 have to의 부정형

must와 have to는 긍정문에서 둘 다 〈의무〉를 나타낼 수 있지만, 부정문에서는 서로 다른 의미로 쓰인다.

must의 부정형은 **must not**으로 '~하면 안 된다'는 〈강한 금지〉의 의미이고, have to의 부정형은 **don't have to**로 '~할 필요가 없다'는 〈불필요〉의 의미이다.

You **must not** cross the road here. 너는 여기서 길을 건너면 안 된다. 〈금지〉

→ = don't need to

You **don't have to** cross the road to catch the bus. 너는 버스를 타기 위해 길을 건널 필요가 없다. 〈불필요〉

[01-02] 다음 질문에 대한 대답으로 알맞은 것을 고르시오.

01

> A: Are you and your brother middle school
> students?
> B: _____

① Yes, he is.   ② Yes, we are.
③ Yes, they are.   ④ No, you aren't.
⑤ No, they aren't.

02

> A: May I close the door? It's noisy outside.
> B: _____

① Yes, you can't.   ② Yes, you may.
③ Yes, you are.   ④ No, you may.
⑤ No, you don't.

03

다음 빈칸에 들어갈 말로 알맞은 것은?

> I have one sister. _____ name is Diana.

① Diana   ② She
③ Hers   ④ Her
⑤ She's

[04-06] 다음 빈칸에 공통으로 들어갈 말로 알맞은 것을 고르시오.

04

> a. Hurry up. _____ is already 10 a.m.
> b. Here's a new towel. You can use _____.

① This[this]   ② It[it]
③ There[there]   ④ That[that]
⑤ Its[its]

05

> a. His house is far from here. He _____ be
> late.
> b. If you want to stay tonight, you _____
> sleep in this bed.

① may   ② won't
③ should not   ④ doesn't have to
⑤ was going to

06 통합유형

> a. _____ she able to swim?
> b. He _____ in China at that time.
> c. It _____ cloudy yesterday.

① Is[is]   ② Are[are]
③ Was[was]   ④ Were[were]
⑤ Am[am]

07

다음 괄호 안에 들어갈 말로 바르게 짝지어진 것은?

> (A) The store [isn't / aren't] open.
> (B) There [is / are] many people on the train.
> (C) He [was / were] my favorite singer, but not
> anymore.

	(A)	(B)	(C)
①	isn't	– is	– was
②	isn't	– are	– was
③	isn't	– are	– were
④	aren't	– is	– was
⑤	aren't	– are	– were

08

다음 빈칸에 will[Will]을 쓸 수 없는 것은?

① I _____ call you later.
② He _____ be 20 years old next year.
③ I _____ visited my hometown last week.
④ _____ you come to my birthday party?
⑤ The airplane _____ take off in five minutes.

09

다음 밑줄 친 부분의 의미가 나머지와 다른 것은?

① The knife is very sharp. I must be careful with it.
② We must clean our room. It's really dirty.
③ The movie must be interesting. Everybody likes it.
④ Students must wear school uniforms every day.
⑤ You must bring your swimsuit tomorrow.

10

다음 밑줄 친 부분과 바꿔 쓸 수 있는 말로 옳지 않은 것은?

① You can use my pencil.
    → may
② He has to wear a seat belt.
    → must
③ You must not chew gum in class.
    → don't have to
④ She is able to read and write Japanese.
    → can
⑤ We are going to travel to Europe next year.
    → will

[11-12] 다음 중 어법상 옳지 않은 것을 고르시오.

11

① I am in Italy now.
② His hands are cold.
③ We were in the same class.
④ They are at the park yesterday.
⑤ You're late for the meeting again.

12

① Should I apologize to her?
② He must take some medicine.
③ You will can speak Spanish soon.
④ You don't have to bring the textbook.
⑤ Where can I find the subway station?

13

다음 빈칸에 들어갈 말로 알맞지 않은 것은?

Are there many _____ in the room?

① children   ② woman
③ tables   ④ books
⑤ people

14

다음 빈칸에 들어갈 말이 나머지와 다른 것은?

① This road _____ narrow before.
② You _____ very short five years ago.
③ I _____ at the shopping mall last night.
④ _____ she late for class last week?
⑤ Noah _____ with his girlfriend yesterday.

15

다음 밑줄 친 부분의 쓰임이 나머지와 다른 것은?

① It's very expensive.
② Where did you put it?
③ I already gave it to Dan.
④ She bought it for her daughter.
⑤ It's two miles from here to the library.

16

다음 주어진 문장의 밑줄 친 부분과 의미가 다른 것은?

> Donald can run 100 meters in 12 seconds.

① My dog can swim.
② Can you drive a car?
③ Melissa can cook Korean food.
④ He can speak Russian very well.
⑤ You can wear my jacket to the party.

[17–18] 다음 중 어법상 옳은 것을 모두 고르시오. (2개)

17 통합유형

① You aren't good at math.
② She doesn't have to come here.
③ Them will go to the park together.
④ He is going not to attend the class.
⑤ Are able to you speak three languages?

18 통합유형

① We're not perfect.
② Visitors can gets free gifts.
③ Are they from South America?
④ She combs hers hair every day.
⑤ Have I to come 20 minutes early?

19 통합유형 기출응용 서울 00중 1학년

다음 중 어법상 옳지 않은 문장의 개수는?

> a. I amn't familiar with this town.
> b. He be going to be a professor.
> c. He's my husband's brother.
> d. Were they interested in science?
> e. Its my old skateboard.

① 1개 ② 2개 ③ 3개 ④ 4개 ⑤ 5개

20 통합유형

다음 중 어법상 옳지 않은 것은?

> Dave ① <u>is</u> a basketball player. He ② <u>is able to</u> <u>jump</u> high and shoot the ball well. He ③ <u>have</u> <u>to</u> practice basketball with his team every day. ④ <u>There are</u> five people on his team. ⑤ <u>They're</u> all good players.

서 · 술 · 형

21 기출응용 서울 00중 1학년

다음 우리말과 일치하도록 주어진 말을 바르게 배열하여 문장을 완성하시오.

1) 그들은 함께 TV를 볼 예정이다.
   (watch, to, TV, are, going)
   → They _____ together.

2) 그녀는 오늘 일찍 일어날 필요가 없다.
   (early, wake up, have, doesn't, to)
   → She _____ today.

22

다음 〈조건〉에 맞게 우리말을 영어로 바르게 옮기시오.

> 〈조건〉
> · 우리말 시제에 유의할 것
> · 괄호 안에 주어진 단어를 활용할 것
> · 필요시, 줄임말을 쓸 것

1) 그는 어제 바빴니? (be busy)
   → _____ _____ _____
   _____ ?

2) 나는 그녀에게 화난 게 아니었다. (be mad at)
   → _____ _____ _____
   _____ .

23 통합유형

다음 그림을 보고 질문에 알맞은 답을 쓰시오.

today / cloudy   tomorrow / rain

1) Q: How's the weather today?
   A: _____ _____ cloudy today.

2) Q: What about tomorrow?
   A: _____ _____ _____
   tomorrow.

24

다음 대화에서 어법상 옳지 않은 것을 모두 찾아 바르게 고치시오.
(2개)

> A: Were you at the opera house yesterday?
> B: Yes, I were. There were a lot of people there.
> A: How was the opera?
> B: It was great. There were three opera singers, and them voices were wonderful.

25 기출응용 서울 00중 1학년

다음 우리말과 일치하도록 주어진 말을 활용하여 문장을 완성하시오.

> Rules of the Classroom
> 1) 너는 수업에 늦어서는 안 된다.
> 2) 너는 교실에서 휴대전화를 사용할 수 없다.
> 3) 너는 교실에서 조용히 해야 한다.

1) You _____ . (must, be late for class)
2) You _____ in the classroom. (can, use your cell phone)
3) You _____ in the classroom. (should, be quiet)

01 　기출응용　서울 00중 1학년

다음 빈칸에 들어갈 말이 나머지와 다른 것은?

① _____ Mark and Jacob your friends?
② My brother _____ at my uncle's house now.
③ They _____ from Canada.
④ His sisters _____ high school students.
⑤ Jessie and I _____ in the same class this
　 year.

02

다음 밑줄 친 부분이 어법상 옳지 않은 것은?

① We can go shopping this afternoon.
② You shouldn't tell a lie.
③ They were able to see the sunrise yesterday.
④ My mother have to go to the dentist.
⑤ Ethan may join our soccer club.

03

다음 주어진 문장의 밑줄 친 부분을 대신할 수 있는 것은?

> This blue car is mine. That red car is his.

① he car　　　　② his car
③ the car　　　　④ him car
⑤ its car

04 　기출응용　포항 00중 1학년

다음 중 어법상 옳은 것은?

① I called she last night.
② Please visit our office at noon.
③ Dennis is mine husband.
④ He's name is Vincent van Gogh.
⑤ I have a cat. It's fur is white and long.

05

다음 우리말과 일치하도록 빈칸에 들어갈 말로 바르게 짝지어진 것은?

> Haley는 다음 주에 미국으로 떠날 것이다.
> → Haley _____ going to _____ for
> 　America next week.

① will　　　 – leave
② is　　　　 – leaves
③ will be　　 – leave
④ is　　　　 – leave
⑤ be　　　　 – leaves

06

다음 밑줄 친 부분의 쓰임이 나머지와 다른 것은?

① It is April 21.
② Hurry up! It's 10 p.m.
③ I wanted to buy it last week.
④ It is cold outside. Wear a coat.
⑤ It's Sunday. Let's clean the house together.

07

다음 빈칸에 들어갈 말로 알맞은 것은?

A: _____ we swim in the river?
B: Okay, but don't go too far.

① Am   ② Do
③ Can   ④ Must
⑤ Should

08

다음 중 빈칸에 is[Is]를 쓸 수 있는 문장의 개수는?

a. _____ you okay now?
b. _____ it your smartphone?
c. It _____ sunny and warm today.
d. He _____ a teacher ten years ago.

① 0개   ② 1개   ③ 2개   ④ 3개   ⑤ 4개

09

다음 주어진 우리말을 영어로 바르게 옮긴 것은?

당신은 입장료를 낼 필요가 없습니다.

① You will not pay the entrance fee.
② You must not pay the entrance fee.
③ You should not pay the entrance fee.
④ You don't have to pay the entrance fee.
⑤ You are not able to pay the entrance fee.

10

다음 빈칸에 들어갈 말로 바르게 짝지어진 것은?

a. You _____ not here two years ago.
b. _____ she a dancer before?

① are   –   Are
② was   –   Was
③ were   –   Was
④ was   –   Were
⑤ were   –   Were

11

다음 표의 내용과 일치하지 <u>않는</u> 것은?

NE 고등학교 시설 현황		
	2015년	Now
cafeteria	○	○
library	×	○
gym	○	×
computer room	×	○

① There was a cafeteria in NE High School in 2015.
② There isn't a library in NE High School.
③ There was a gym in NE High School in 2015.
④ There isn't a gym in NE High School.
⑤ There wasn't a computer room in NE High School in 2015.

12

다음 밑줄 친 부분의 의미가 나머지와 <u>다른</u> 것은?

① Sheldon <u>may</u> be a genius.
② She <u>may</u> be at the hospital now.
③ <u>May</u> I ask you some questions?
④ Don't wait for me. I <u>may</u> be late.
⑤ Mr. Lee <u>may</u> not come back again.

13

다음 주어진 문장을 부정문으로 바르게 옮긴 것은?

Sharon and her family are sick.

① Sharon not her family are sick.
② Sharon and her family aren't sick.
③ Sharon and her family not are sick.
④ Sharon and her family is sick.
⑤ Sharon and her family are sick not.

14

다음 중 우리말 해석이 옳지 <u>않은</u> 것은?

① I am not going to leave.
나는 떠나지 않을 것이다.
② She can play the piano well.
그녀는 피아노를 잘 연주할 수 있다.
③ May I see your passport?
제가 당신의 여권을 봐도 될까요?
④ I won't be able to visit you tomorrow.
나는 내일 당신을 방문하지 못할 거예요.
⑤ He should bring an umbrella.
그는 우산을 가지고 간 것이 틀림 없다.

[15-16] 다음 중 어법상 옳지 <u>않은</u> 것을 고르시오.

15

① I amn't smart but funny.
② The movie wasn't too bad.
③ Is there a drugstore near here?
④ There were big trees in the park.
⑤ Were you in Boston at that time?

16 통합유형

① What time is it?
② Can I use your car?
③ We're at the theater yesterday.
④ You don't have to do the dishes.
⑤ Was he able to find the key?

17 통합유형

다음 중 어법상 옳은 문장의 개수는?

> a. The story may is true.
> b. Where can I find Judy?
> c. He and his wife was kind.
> d. Is there a restroom in this building?

① 0개 ② 1개 ③ 2개 ④ 3개 ⑤ 4개

18 통합유형

다음 문장을 같은 의미의 문장으로 바꿔 쓸 때 어법상 옳지 <u>않은</u> 것은?

① Today's date is January 1.
→ It is January 1 today.
② You must come home by 10 p.m.
→ You have to come home by 10 p.m.
③ She has a cat. It has blue eyes.
→ She has a cat. It's eyes are blue.
④ I'll buy him a giant teddy bear.
→ I'm going to buy him a giant teddy bear.
⑤ Apples and oranges are on the table.
→ There are apples and oranges on the table.

19 통합유형

다음 밑줄 친 부분의 의미가 옳지 <u>않은</u> 것은?

> A: What ① <u>will</u> you do this weekend?
> B: I ② <u>am going</u> to go to the amusement park!
> ③ <u>There</u> are many different rides.
> A: That sounds fun! You ④ <u>must</u> be very excited.
> B: Yes, I am. I ⑤ <u>can</u> ride the roller coaster many times.

① will: ~할 것이다 ② am going to: ~할 예정이다
③ There: 거기에 ④ must: ~임에 틀림없다
⑤ can: ~할 수 있다

20

다음 중 어법상 옳지 <u>않은</u> 것끼리 바르게 짝지어진 것은?

a. She's my older sister.
b. You should get some rest.
c. You can visit our anytime.
d. Is there many stars in the sky?

① a, b   ② a, c   ③ b, c
④ b, d   ⑤ c, d

서 · 술 · 형

21

다음 빈칸에 알맞은 be동사를 써서 글을 완성하시오.

I 1) _____ 14 years old now. My older brother 2) _____ 19 years old last year. My younger sister will 3) _____ 12 years old next year.

22

다음 우리말과 일치하도록 〈보기〉에 주어진 말을 활용하여 문장을 완성하시오. (〈보기〉의 말을 한 번씩만 쓸 것)

Jamie는 이 책을 금요일까지 읽어야 한다. 그러나 그녀는 그것을 금요일까지 돌려줄 필요는 없다.

〈보기〉
read, have to, must, this book,
she, return, doesn't, it

→ Jamie _____
by Friday. But _____
by Friday.

23

다음 〈예시〉와 같이 괄호 안의 지시대로 문장을 바꿔 쓰시오.

〈예시〉
They are Joe's brothers. (부정문)
→ <u>They aren't Joe's brothers.</u>

1) Joseph and Debby were tired yesterday. (의문문)
→ _____

2) It's your fault. (부정문)
→ _____

24

다음 그림과 일치하도록 〈예시〉와 같이 빈칸에 알맞은 말을 쓰시오.

〈예시〉
There __is__ __a__ laptop on the desk.

1) There _____ _____ books on the desk.

2) Q: _____ _____ a cup of coffee on the desk?
A: Yes, there _____.

25 통합유형 기출응용 수원 00중 1학년

다음 글에서 어법상 옳지 <u>않은</u> 것을 모두 찾아 바르게 고치시오. (2개)

We are going to move to San Francisco. We're new house is on Sunset Street. It has a pool, so my sisters and I can swimming in summer.

번호	모의고사 1회 문항별 출제 포인트	O/X/△
1	be동사의 의문문	
2	조동사 may	
3	인칭대명사와 격	
4	비인칭주어 it과 인칭대명사 it	
5	조동사 may	
6	조동사 be able to / be동사 / 비인칭주어 it	
7	be동사 / There + be동사	
8	조동사 will	
9	조동사 must	
10	조동사	
11	be동사	
12	조동사	
13	There + be동사	
14	be동사	
15	비인칭주어 it과 인칭대명사 it	
16	조동사 can	
17	인칭대명사와 be동사 / 조동사	
18	인칭대명사와 be동사 / 조동사	
19	인칭대명사와 be동사 / 조동사	
20	인칭대명사와 be동사 / 조동사 / There + be동사	
21	조동사	
22	be동사의 의문문 / be동사의 부정문	
23	비인칭주어 it / 조동사	
24	인칭대명사와 be동사 / There + be동사	
25	조동사	

번호	모의고사 2회 문항별 출제 포인트	O/X/△
1	be동사	
2	조동사	
3	인칭대명사와 격	
4	인칭대명사와 격	
5	조동사 be going to	
6	비인칭주어 it과 인칭대명사 it	
7	조동사 can	
8	be동사	
9	조동사	
10	be동사	
11	There + be동사	
12	조동사 may	
13	be동사의 부정문	
14	조동사	
15	be동사 / There + be동사	
16	비인칭주어 it / 조동사 / be동사	
17	조동사 / be동사 / There + be동사	
18	비인칭주어 it / 조동사 / 인칭대명사와 격 / There + be동사	
19	조동사 / There + be동사	
20	인칭대명사와 be동사 / 조동사 / There + be동사	
21	be동사	
22	조동사	
23	be동사의 의문문 / be동사의 부정문	
24	There + be동사	
25	인칭대명사와 격 / 조동사	

Nothing is stronger than habit.

습관보다 강한 것은 없다.

- Publius Naso Ovidius -

UNIT 02

일반동사, 동사의 시제

A 일반동사

1 일반동사의 현재형

a 주어가 1인칭, 2인칭일 때와 3인칭 복수일 때: 동사원형

I **wake** up at 7 a.m. 〈1인칭〉
You **study** very hard. 〈2인칭〉
They **have** a dog. 〈3인칭 복수〉

b 주어가 3인칭 단수일 때: 동사원형 + -(e)s 또는 불규칙 변화

규칙 변화	대부분의 동사	동사원형 + -s	speak**s**, learn**s**, play**s**, love**s**, dance**s**, talk**s**, make**s**, follow**s**
	-o, -s, -ch, -sh, -x로 끝나는 동사	동사원형 + -es	go**es**, do**es**, cross**es**, express**es**, watch**es**, teach**es**, wish**es**, push**es**, fix**es**, mix**es**
	자음 + y로 끝나는 동사	y를 i로 바꾸고 + -es	study → stud**ies** cry → cr**ies** worry → worr**ies**
불규칙 변화	have → **has**		

She **makes** delicious apple pies.
Mr. Han **teaches** us science.
He always **worries** about his brother.
That fox **has** a long tail.

2 일반동사의 과거형

a 규칙 변화: 동사원형 + -(e)d

대부분의 동사	동사원형 + -ed	search**ed**, want**ed**, learn**ed**, work**ed**, start**ed**, watch**ed**
자음 + e로 끝나는 동사	동사원형 + -d	mov**ed**, clos**ed**, sav**ed**, chang**ed**, caus**ed**
자음 + y로 끝나는 동사	y를 i로 바꾸고 + -ed	carry → carr**ied** dry → dr**ied**
단모음 + 단자음으로 끝나는 동사	자음을 한 번 더 쓰고 + -ed	stop → stop**ped** plan → plan**ned**

I **wanted** a new desk.
Her family **moved** to Australia yesterday.
Lucy **carried** a big bag.
The bus **stopped** at the bus stop.

일반동사
be동사와 조동사를 제외한 나머지 모든 동사를 일반동사라고 한다. 일반동사는 주어의 동작이나 상태를 나타낸다.

일반동사의 현재형
현재시제에서 일반동사는 주어가 3인칭 단수일 때 형태가 변한다.

일반동사의 과거형
과거시제에서 일반동사는 주어의 수와 인칭에 관계없이 「동사원형 + -(e)d」 또는 불규칙 변화한 형태로 쓴다.

b 불규칙 변화

| 현재형 = 과거형 | put → **put**
hit → **hit** | cut → **cut**
read → **read**[/red/] | 형태는 같지만 발음이 다르므로 주의한다. |
| 현재형 ≠ 과거형 | go → **went**
make → **made**
hold → **held**
meet → **met** | do → **did**
eat → **ate**
keep → **kept**
write → **wrote** | have → **had**
know → **knew**
teach → **taught**
buy → **bought** |

I **read** your article last week.
She **went** to a theater.
My dog **ate** the pizza on the table.

3 일반동사의 부정문

a 현재형의 부정문: do[does] not + 동사원형
주어가 3인칭 단수이면 동사원형 앞에 does not을, 그 이외에는 do not을 쓴다.

I **do not like** vegetables.
They **don't know** my name.
She **doesn't eat** meat.

b 과거형의 부정문: did not + 동사원형
주어의 수와 인칭에 관계없이 동사원형 앞에 did not을 쓴다.

→ '~하다'라는 의미의 일반동사 do이다.

I **did not do** my homework.
We **didn't have** much money.
The plane **didn't arrive** on time.

4 일반동사의 의문문

a 현재형의 의문문: Do[Does] + 주어 + 동사원형 ~?
주어가 3인칭 단수이면 주어 앞에 Does를, 그 이외에는 Do를 쓴다.

Do *you* **like** Italian food? - Yes, I do.
Do *your parents* **like** sports? - Yes, they do.
Does *it* **taste** good? - No, it doesn't.

b 과거형의 의문문: Did + 주어 + 동사원형 ~?
주어의 수와 시제에 관계없이 주어 앞에 Did를 쓴다.

Did I **tell** you the story? - Yes, you did.
Did he **write** a letter to you? - No, he didn't.

일반동사의 의문문에 대한 대답
일반동사의 의문문에 대답할 때도 do, does, did를 써서 대답한다.

• 긍정: Yes, 주어+do[does/did].
• 부정: No, 주어+don't[doesn't/ didn't].

B 동사의 시제

1 현재시제

현재시제는 be동사 또는 일반동사의 현재형으로 나타낸다.

I **am** 14 years old. 〈현재의 사실〉
My dad **exercises** every morning. 〈습관이나 반복되는 일〉
Water **boils** at 100 ˚C. 〈변하지 않는 과학적 사실〉

2 과거시제

과거시제는 be동사 또는 일반동사의 과거형으로 나타낸다.

James **moved** to Seoul two years ago.
Tony **was** in Tokyo last winter.

> → 과거시제는 과거의 특정 시점을 나타내는
>   말과 함께 쓰이는 경우가 많다.

3 진행형

a 동사의 진행형: v-ing

대부분의 동사	동사원형 + -ing	see**ing**, study**ing**, jump**ing**, read**ing**, send**ing**, eat**ing**
-e로 끝나는 동사	e를 빼고 + -ing	make → mak**ing** have → hav**ing** take → tak**ing**
-ie로 끝나는 동사	ie를 y로 바꾸고 + -ing	tie → t**ying** lie → l**ying** die → d**ying**
단모음 + 단자음으로 끝나는 동사	자음을 한 번 더 쓰고 + -ing	put → put**ting** cut → cut**ting** swim → swim**ming**

b 현재진행형: be동사의 현재형 + v-ing (~하고 있다)

She **is making** dinner for her family.
The kids **are washing** their hands.
Are they **having** breakfast now?

c 과거진행형: be동사의 과거형 + v-ing (~하고 있었다)

Eric **was watching** TV last night.
We **were swimming** in the river this morning.
She **was not working** at that time.

시제
시제는 어떤 일이 언제 일어났는지를 보여주는 것으로 동사의 형태를 변화시켜 나타낸다.

현재시제
현재시제는 현재의 상태나 사실, 습관이나 반복되는 일, 변하지 않는 사실이나 진리 등을 나타낼 때 쓴다.

과거시제
과거시제는 과거에 일어난 일을 나타낸다. 역사적 사실 등도 과거시제로 쓴다.

진행형
현재진행형은 지금 일이 진행되고 있음을, 과거진행형은 과거 어느 시점에 일이 진행되고 있었음을 나타낼 때 쓴다. 진행형의 기본 형태는 「be동사 + v-ing」이다.

> **· 내신 빈출 문법**
> **진행형으로 잘 쓰지 않는 동사**
> know, want, like, love, have 등 〈생각·감정·소유〉를 나타내는 동사는 진행형으로 쓸 수 없다. (have가 '먹다'의 뜻인 경우는 가능)
>
> I am **having** a parrot. (X)
> I am **having** breakfast now. (O)
> I am **wanting** some drinks. (X)

진행형의 부정문과 의문문
부정문은 「be동사 + not + v-ing」의 형태로 쓴다. 의문문은 「Be동사 + 주어 + v-ing ~?」의 형태이다.

01

다음 빈칸에 들어갈 말로 알맞은 것은?

> She _____ much dinner yesterday.

① isn't eat
② wasn't eat
③ don't eat
④ didn't eat
⑤ doesn't eat

[02-04] 다음 빈칸에 들어갈 말로 알맞지 <u>않은</u> 것을 고르시오.

02

> _____ likes animals.

① He
② You
③ My brother
④ Kate
⑤ Ms. Park

03

> Inhye studied very hard _____.

① last week
② yesterday
③ last semester
④ today
⑤ next week

04

> Jason _____ a bicycle.

① bought
② wants
③ is having
④ found
⑤ was riding

[05-06] 다음 빈칸에 들어갈 말로 바르게 짝지어진 것을 고르시오.

05

> a. The earth _____ around the sun.
> b. Paul _____ Joe 10 years ago.

① go　　－　met
② goes　－　met
③ went　－　met
④ went　－　meets
⑤ goes　－　meets

06

> a. The child _____ a drink.
> b. He _____ drinking hot tea now.

① want　　　　－　be
② wants　　　　－　was
③ wants　　　　－　is
④ is wanting　－　was
⑤ is wanting　－　is

07 　기출응용　대전 00중 1학년

다음 빈칸에 들어갈 말이 나머지와 <u>다른</u> 것은?

① A: _____ she like apples?
　B: Yes. She likes oranges, too.
② A: _____ he go to church every Sunday?
　B: No, he doesn't.
③ A: _____ it taste sour?
　B: Yes. It is very sour.
④ A: _____ Dan work at the hospital?
　B: No. He works at a bank.
⑤ A: _____ you hear that sound?
　B: Yes, I do. I think it's a cat.

08 기출응용 서울 00중 1학년

다음 대화의 괄호 안에 들어갈 말로 바르게 짝지어진 것은?

> Mom: Hurry up! Your friend (A) [waits / is waiting] for you outside!
> Semi: Sorry! I (B) [got / am getting] dressed my clothes now. I got up late this morning.
> Mom: You also (C) [get / got] up late every day last week.

	(A)		(B)		(C)
①	waits	–	got	–	get
②	waits	–	am getting	–	get
③	is waiting	–	got	–	got
④	is waiting	–	am getting	–	get
⑤	is waiting	–	am getting	–	got

09 기출응용 부산 00중 1학년

다음 문장을 괄호 안의 지시대로 바르게 옮기지 <u>않은</u> 것은?

① I walk to school. 〈부정문〉
  → I don't walk to school.
② James knows the answer. 〈의문문〉
  → Do James knows the answer?
③ She sent the present to you. 〈의문문〉
  → Did she send the present to you?
④ He goes swimming every Saturday. 〈부정문〉
  → He doesn't go swimming every Saturday.
⑤ My brother finished his homework. 〈부정문〉
  → My brother didn't finish his homework.

10 기출응용 순천 00중 1학년

다음 문장을 현재진행형으로 바꾼 것이 어법상 옳지 <u>않은</u> 것은?

① They sell flowers.
  → They are selling flowers.
② Lewis talks on the phone.
  → Lewis is talking on the phone.
③ The cat sleeps on the sofa.
  → The cat is sleeping on the sofa.
④ I make some pancakes.
  → I am making some pancakes.
⑤ Jessica runs in the park.
  → Jessica is runing in the park.

11 통합유형

다음 밑줄 친 부분이 어법상 옳은 것은?

① She <u>is working not</u> in the office.
② He <u>was sleeping</u> on the bed now.
③ <u>Does</u> Sue <u>leave</u> Busan last year?
④ Joan <u>read</u> three books last month.
⑤ I <u>didn't slept</u> well last night.

12 기출응용 대구 00중 1학년

다음 중 어법상 옳은 문장은?

① He is talking on the phone right now.
② We live in London two years ago.
③ Peter isn't wearing jeans yesterday.
④ She went jogging next week.
⑤ They were having lunch now.

13

다음 밑줄 친 부분을 바르게 고치지 <u>않은</u> 것은?

① He <u>carryed</u> a box for his sister.
  → carried
② <u>Do</u> this store sell cups?
  → Does
③ Diana <u>go</u> to Japan last year.
  → goes
④ Lena <u>don't</u> read comic books.
  → doesn't
⑤ <u>Does</u> she bring her daughter yesterday?
  → Did

14

다음 표의 내용과 일치하지 <u>않는</u> 것은?

	yesterday	every day
I	go to the market	play soccer
Miju	eat some pizza	study Spanish
Jumin	write a letter	watch TV

① I went to the market yesterday.
② Miju eats some pizza every day.
③ Miju studies Spanish every day.
④ Jumin wrote a letter yesterday.
⑤ Jumin watches TV every day.

15 통합유형

다음 중 어법상 옳지 <u>않은</u> 문장은?

① I not do remember the book's title.
② World War II ended in 1945.
③ Does she want some more coffee?
④ Mom and Dad are having dinner now.
⑤ Jeremy visits his parents twice a week.

[16-18] 다음 밑줄 친 부분이 어법상 옳지 <u>않은</u> 것을 고르시오.

16

① A man is <u>cutting</u> the grass.
② I am <u>writing</u> a report now.
③ She was <u>walking</u> in the park this morning.
④ Mr. Taylor was <u>tying</u> his shoes.
⑤ Children are <u>skateing</u> on the ice.

17

① I <u>was driving</u> then.
② Five plus five <u>was</u> ten.
③ You <u>are lying</u> to me now.
④ Steve <u>goes</u> to bed at 11 every night.
⑤ She <u>put</u> the book on your desk yesterday.

18

Jiyu ① <u>live</u> in Seoul, Korea. She ② <u>doesn't speak</u> English very well, but she ③ <u>has</u> many friends around the world. They ④ <u>meet</u> on the Internet. They ⑤ <u>live</u> in different places, but they are friends.

19 통합유형

다음 중 어법상 옳은 문장의 개수는?

a. Dad was in the kitchen five minutes ago.
b. The boy is cuting the paper now.
c. David and Susan lives together.
d. My brother didn't do the dishes yesterday.
e. Mom often worries about my health.

① 1개　　② 2개　　③ 3개　　④ 4개　　⑤ 5개

20 통합유형

다음 중 어법상 옳은 문장을 모두 고르시오. (3개)

① Do I eat too fast?
② Is listening James to the radio?
③ Did you took a shower yesterday?
④ My son dropped the cup on the table.
⑤ Tom brushes his teeth after each meal.

서·술·형

21 기출응용 부산 00중 1학년

다음 유람이의 지난주 일정표와 일치하도록 빈칸에 알맞은 말을 쓰시오.

〈Yuram's Schedule Last Week〉

Monday	go to the library
Tuesday	meet her cousin
Wednesday	do her laundry

Emily: What did you do last Monday?
Yuram: I 1) _____ last Monday.
Emily: Did you do your laundry last Tuesday?
Yuram: No, 2) _____. I 3) _____
_____ last Tuesday.

22 기출응용 서울 00중 1학년

다음 〈보기〉의 단어를 활용하여 빈칸에 알맞은 말을 쓰시오.

〈보기〉	travel	see	check

I 1) _____ my email every day. This evening
I checked my email. I found an email from
Carter. He is 2) _____ in South America
now. I 3) _____ several pictures of him in
the email. He looked so happy.

23 기출응용 인천 00중 1학년

다음 소라의 매주 일요일 일정표와 일치하도록 빈칸에 알맞은 말을 쓰시오.

9:00 a.m.	have breakfast
10:00 a.m.	go jogging
12:00 p.m.	have lunch
2:00 p.m.	do her homework
4:00 p.m.	study Chinese

Every Sunday Sora 1) _____ at
10 a.m. She 2) _____ at noon. In
the afternoon she 3) _____ and
4) _____ .

24 기출응용 대구 00중 1학년

다음 표의 내용과 일치하도록 빈칸에 알맞은 말을 쓰시오.

나이	15
사는 곳	live in Madrid, Spain
형제	have one brother, no sisters
취미	play tennis every Sunday

I would like to introduce my friend Raphael. He is
15 years old. He 1) _____ in Madrid, Spain.
He 2) _____ a brother, but he 3) _____
_____ a sister. He 4) _____
every Sunday.

25 통합유형

다음 글에서 어법상 옳지 않은 것을 모두 찾아 바르게 고치시오. (2개)

Suho and I had a concert yesterday. At first, I
maked some mistakes. But later, I played the
guitar well. Suho was wonderful. Everyone
smiled and enjoy the concert. Suho and I also
had fun.

01 기출응용 서울 00중 1학년

다음 질문에 대한 대답으로 알맞은 것은?

> A: Does Jackson like movies?
> B: _____ He goes to the theater every weekend.

① Yes, he is.   ② Yes, he does.
③ Yes, he did.   ④ No, he isn't.
⑤ No, he doesn't.

02

다음 빈칸에 들어갈 말로 알맞지 <u>않은</u> 것은?

> Jessica does yoga _____.

① every day   ② last year
③ on Sundays   ④ twice a week
⑤ at 10 every morning

03 기출응용 대전 00중 1학년

다음 중 빈칸에 들어갈 수 <u>없는</u> 말을 모두 고른 것은?

> a. Mr. Kim   b. My dad   c. She   d. Joanna
> e. My grandparents   f. The students
>
> _____ watches the news every night.

① a, e   ② b, c   ③ d, e
④ d, f   ⑤ e, f

04

다음 짝지어진 대화가 어법상 옳지 <u>않은</u> 것은?

① A: Did James go to the library yesterday?
  B: No, he didn't.
② A: Do you go to school by bus?
  B: No, I don't.
③ A: Does Jessica like flowers?
  B: Yes, she does.
④ A: Does this train go to Busan?
  B: Yes, it does.
⑤ A: Did you and your brother have a good time?
  B: Yes, we do.

05

다음 중 어법상 옳은 것은?

① I am liking you, Kimmy.
② The mall closes at 10 p.m.
③ I am reading a magazine last night.
④ James isn't late for work yesterday.
⑤ World War II breaks out in 1939.

06

다음 대화의 빈칸에 들어갈 말로 알맞지 <u>않은</u> 것은?

> A: What did you do yesterday?
> B: I _____ with Timmy.

① talked   ② play basketball
③ went shopping   ④ had breakfast
⑤ studied science

07

다음 빈칸에 들어갈 말로 바르게 짝지어진 것은?

> a. Are you _____ to the radio now?
> b. We don't go to school _____.

① listen — last week
② listened — next year
③ listen — tomorrow
④ listening — last month
⑤ listening — on weekends

08 [통합유형] [기출응용] 부산 00중 1학년

다음 빈칸에 공통으로 들어갈 말로 알맞은 것은?

> a. Our school will _____ a festival for students.
> b. Did you _____ a good time last night with your family?

① have   ② has
③ had   ④ having
⑤ haved

09

다음 주어진 문장을 의문문으로 바르게 옮긴 것은?

> She speaks three languages.

① Is she speak three languages?
② Do she speak three languages?
③ Did she speak three languages?
④ Does she speaks three languages?
⑤ Does she speak three languages?

10 [통합유형]

다음 문장을 괄호 안의 지시대로 바르게 옮기지 <u>않은</u> 것은?

① I liked the blue shirt. 〈부정문〉
  → I didn't like the blue shirt.
② You are listening to me. 〈부정문〉
  → You aren't listening to me.
③ Yumi is talking to her boyfriend. 〈의문문〉
  → Does Yumi talking to her boyfriend?
④ The kids played games together. 〈의문문〉
  → Did the kids play games together?
⑤ The bakery opens at 8 a.m. 〈부정문〉
  → The bakery doesn't open at 8 a.m.

11 [기출응용] 광주 00중 1학년

다음 밑줄 친 부분이 어법상 옳지 <u>않은</u> 것은?

① He was <u>riding</u> a horse.
② She is <u>putting</u> on her makeup.
③ I was not <u>running</u> on the playground.
④ Are you <u>studying</u> social studies?
⑤ Ducks are <u>swiming</u> across the lake.

[12-13] 다음 밑줄 친 부분의 쓰임이 나머지와 <u>다른</u> 것을 고르시오.

12

① Where <u>did</u> you live?
② I <u>did</u> not know the truth.
③ Ian <u>did</u> not go out last night.
④ I <u>did</u> my homework yesterday.
⑤ <u>Did</u> she understand the question?

13

① It <u>is going to</u> rain later.
② She <u>is going to</u> the hospital.
③ Jenny <u>is going to</u> visit her uncle.
④ Minsoo <u>is going to</u> move to Jeonju.
⑤ Dad <u>is going to</u> cook dinner for us.

14 [기출응용] 울산 00중 1학년

다음 밑줄 친 부분을 바르게 고치지 <u>않은</u> 것은?

My colleague, Jina <u>invites</u> us to her new house last weekend. She loves cooking and <u>be</u> good at it. On that day, she <u>is cooking</u> a delicious meal for us and we really <u>enjoy</u> it. It <u>is</u> such a nice weekend.

① invites → invited
② be → is
③ is cooking → is going to cook
④ enjoy → enjoyed
⑤ is → was

[15-16] 다음 중 어법상 옳지 <u>않은</u> 것을 고르시오.

15

① The show is ending two hours ago.
② The child is tying his shoelaces.
③ The baby hit her head and cried.
④ Mom is making some sandwiches now.
⑤ My brother goes to the gym every morning.

16 [통합유형]

① Jenny doesn't wear skirts.
② Someone ate the pie on the table yesterday.
③ Do you keep your books in a box?
④ Ashley is talking to someone on the street last night.
⑤ My family went on a picnic last weekend.

[17-18] 다음 괄호 안에 들어갈 말로 바르게 짝지어진 것을 고르시오.

17

(A) I [cut / cutted] my finger yesterday.
(B) She [buyed / bought] a skirt last weekend.
(C) We [sang / singed] Christmas carols together.

	(A)	(B)	(C)
①	cut	buyed	sang
②	cut	bought	sang
③	cut	bought	singed
④	cutted	buyed	sang
⑤	cutted	bought	singed

18 [통합유형] [기출응용] 서울 00중 1학년

My friend Daisy is going to visit Seoul next month. She (A) [lived / lives] in L.A now. She loves Korean food and K-pop. I (B) [take / will take] her to a nice Korean restaurant. We will also go shopping. She (C) [stays / is going to stay] with my family. I am really happy about that.

	(A)	(B)	(C)
①	lived	will take	stays
②	lived	take	is going to stay
③	lives	take	stays
④	lives	will take	is going to stay
⑤	lives	will take	stays

19 [통합유형]

다음 밑줄 친 부분 중 어법상 옳지 <u>않은</u> 것의 개수는?

Last week, I ⓐ <u>went</u> to my brother's school. There ⓑ <u>were</u> a soccer game. It ⓒ <u>started</u> at 4 p.m. The game ⓓ <u>was</u> really exciting. My brother's team ⓔ <u>win</u> the game.

① 1개   ② 2개   ③ 3개   ④ 4개   ⑤ 5개

20

다음 중 어법상 옳은 것끼리 바르게 짝지어진 것은?

> a. We not use our car.
> b. Kate is always kind to everyone.
> c. Did you did your laundry yesterday?
> d. Is she speaking Spanish with Rubén?
> e. I bought a vase and put it on the table.

① a, b, c   ② a, c, d   ③ b, c, e

④ b, d, e   ⑤ c, d, e

서 · 술 · 형

21 기출응용 부산 00중 1학년

다음 표의 내용과 일치하도록 빈칸에 알맞은 말을 쓰시오.

I like to ...	Ava	Lucy
cook	○	×
watch TV	×	○
play the piano	○	○
sing	○	×

Lucy: I 1) _____ _____ to cook. How
      about you?

Ava: I like to cook. I also 2) _____ to sing.
      What do you like to do?

Lucy: I like to watch TV and play the piano.
      3) _____ _____ _____ to
      play the piano?

Ava: Yes, 4) _____ . It seems
      we both like doing that.

22

다음 〈보기〉의 단어를 활용하여 빈칸에 알맞은 말을 쓰시오.

> 〈보기〉   eat   play   watch   read

> Last vacation, I did some good things. I 1)
> _____ breakfast every day and 2) _____ a
> lot of books. I did bad things, too. I 3) _____
> too much TV and 4) _____ computer games
> too often.

---

23 통합유형

다음 대화에서 어법상 옳지 않은 것을 모두 찾아 바르게 고치시오. (2개)

> A: Those are nice shoes!
> B: Thanks.
> A: Do you buy them?
> B: No. My parents give them to me for my
>   birthday.

24 기출응용 서울 00중 1학년

다음 그림을 보고 주어진 말을 활용하여 대화를 완성하시오.

1) Q: Is the boy eating lunch?
   A: No, _____ .
   He _____ . (read a book)

2) Q: _____ ?
   (the girl, listen to music)
   A: Yes, _____ .

25 기출응용 대전 00중 1학년

다음 Josh의 주말 일정표와 일치하도록 빈칸에 알맞은 말을 쓰시오.

My weekends	
Sat.	• play basketball with Jay • help my brother with his homework
Sun.	• study Japanese • wash my dad's car

> On Saturdays, Josh plays basketball with Jay.
> He also helps his brother with his homework.
> On Sundays, he 1) _____ .
> He also 2) _____ _____ _____
> _____ .

UNIT 02 일반동사, 동사의 시제

학습 확인표

모의고사 1회		
번호	문항별 출제 포인트	O/X/△
1	일반동사의 부정문	
2	일반동사의 현재형	
3	과거시제	
4	진행형으로 잘 쓰지 않는 동사	
5	현재시제 / 과거시제	
6	진행형으로 잘 쓰지 않는 동사 / 현재진행형	
7	일반동사의 의문문	
8	현재진행형 / 과거시제	
9	일반동사의 부정문 / 일반동사의 의문문	
10	현재진행형	
11	동사의 시제 / 일반동사의 의문문 / 일반동사의 부정문	
12	동사의 시제	
13	일반동사	
14	동사의 시제	
15	일반동사의 부정문 / 동사의 시제 / 일반동사의 의문문	
16	진행형	
17	동사의 시제	
18	일반동사의 현재형	
19	동사의 시제 / 일반동사	
20	일반동사의 의문문 / 동사의 시제	
21	일반동사의 과거형	
22	동사의 시제	
23	일반동사의 현재형	
24	일반동사의 현재형 / 일반동사의 부정문	
25	일반동사의 과거형 / 동사의 시제	

모의고사 2회		
번호	문항별 출제 포인트	O/X/△
1	일반동사의 의문문	
2	현재시제	
3	일반동사의 현재형	
4	일반동사의 의문문	
5	동사의 시제	
6	과거시제	
7	현재진행형 / 현재시제	
8	조동사 will / 일반동사의 의문문	
9	일반동사의 의문문	
10	일반동사의 부정문 / 일반동사의 의문문 / 현재진행형	
11	진행형	
12	일반동사	
13	현재진행형과 조동사 be going to	
14	동사의 시제	
15	동사의 시제	
16	일반동사의 부정문 / 동사의 시제 / 일반동사의 의문문	
17	일반동사의 과거형	
18	동사의 시제 / 조동사	
19	일반동사의 과거형 / There + be동사 / be동사의 과거형	
20	일반동사 / 동사의 시제	
21	일반동사	
22	일반동사의 과거형	
23	동사의 시제 / 일반동사	
24	현재진행형	
25	일반동사의 현재형	

Great hopes make great men.

큰 희망이 큰 사람(위인)을 만든다.

- Thomas Fuller -

UNIT 03

to부정사, 동명사

A to부정사

to부정사
to부정사는 「to + 동사원형」의 형태로 문장에서 명사, 형용사, 부사의 역할을 한다.

1 to부정사의 명사적 용법

to부정사가 명사처럼 쓰여 문장에서 주어, 목적어, 보어의 역할을 한다.

a 주어 역할: to부정사 주어가 길어지는 경우 대부분 to부정사 주어를 뒤로 보내고, 그 자리에 가주어 It을 써서 「It ~ to-v」의 형태로 쓴다. 이 때 가주어 It은 해석하지 않는다.

To learn Spanish *is* not easy.

→ 주어로 쓰인 to부정사(구)는 단수 취급한다.

It is not easy **to learn** Spanish.
가주어   진주어

b 목적어 역할: 주로 동사 want, need, plan, agree, decide, expect, hope, learn, offer, promise, refuse 등의 목적어로 쓰인다.

I *hope* **to visit** her house.
We *decided* **not to go** there.

→ to부정사의 부정형은 to부정사 앞에 not이나 never를 붙여 만든다.

c 보어 역할: 주어를 보충 설명하는 주격보어, 또는 목적어를 보충 설명하는 목적격보어로 쓰인다.

My dream is **to be** a teacher. 〈주격보어〉
I want *you* **to help** your brother. 〈목적격보어〉

d 의문사 + to부정사: 「의문사 what[how, when, where, who(m)] + to부정사」 형태로 문장에서 주어, 목적어, 보어 역할을 한다. 「의문사 + 주어 + should + 동사원형」으로 바꿔 쓸 수 있다.

---

what to-v: 무엇을 ~할지 / how to-v: 어떻게 ~할지 / when to-v: 언제 ~할지
where to-v: 어디서 ~할지 / who(m) to-v: 누구와[누구를] ~할지

I don't know **what to do** tomorrow.
(= I don't know **what I should do** tomorrow.)
Can you tell me **how to get** to the library?

2 to부정사의 형용사적 용법

a to부정사가 형용사처럼 (대)명사를 수식하여 '~하는, ~할'이라는 의미를 나타낸다. to부정사는 (대)명사를 뒤에서 수식한다.

I have some work **to finish** tonight.

b 주의할 어순: -thing, -one, -body로 끝나는 대명사의 경우 형용사가 대명사를 뒤에서 수식한다. 형용사와 to부정사가 함께 수식하는 경우에는 「-thing[-one, -body] + 형용사 + to부정사」의 순서로 쓴다.

I want **something cold**.
I want **something cold to drink**.

· **내신 빈출 문법**
to부정사와 전치사
to부정사의 수식을 받는 명사가 to부정사 뒤의 전치사의 목적어인 경우, 전치사를 생략할 수 없다.
I need a friend **to talk with**.
(← I need a friend. + I talk with a friend.)
There are no chairs **to sit on**.

3 to부정사의 부사적 용법

to부정사가 부사처럼 쓰여 동사, 형용사 등을 수식하며 목적, 결과, 감정의 원인, 판단의 근거·이유 등을 나타낸다.

a 목적 (~하기 위해, ~하려고) = in order to-v

I came **to see** you. (= I came **in order to see** you.)

b 결과 (~해서 (결국) …하다)

My grandma lived **to be** 100 years old.

c 감정의 원인 (~해서, ~하니)

She was glad **to meet** her favorite actor.
> 주로 감정을 나타내는 형용사 뒤에서 <감정의 원인>을 나타낸다.

d 판단의 근거·이유 (~하는 것을 보니, ~하다니)

He was foolish **to trust** the salesman.

B 동명사

1 동명사의 역할

동명사는 문장에서 명사처럼 쓰이며, 주어, 목적어, 보어의 역할을 한다.

a 주어 역할

Walking *is* good for your health.
> 주어로 쓰인 동명사(구)는 단수 취급한다.

b 목적어 역할: enjoy, avoid, mind, finish, keep, give up, quit, practice, consider 등의 동사나 전치사의 목적어로 쓰인다.

She *enjoys* **dancing**. 〈동사의 목적어〉
He thought *about* **moving** to L.A. 〈전치사의 목적어〉
> 전치사 뒤에 동사가 이어질 때는 반드시 동명사 형태로 써야 한다.

I'm sorry *for* **not visiting** you. 〈전치사의 목적어〉
> 동명사의 부정형은 동명사 앞에 not이나 never를 붙여 만든다.

c 보어 역할

My hobby is **drawing**.

2 to부정사와 동명사

일부 동사는 to부정사와 동명사 둘 다를 목적어로 쓴다.

a 의미 차이가 거의 없는 경우: love, like, hate, begin, start, continue 등은 to부정사와 동명사 모두를 목적어로 쓰며 의미 차이가 거의 없다.

We *began* **worrying[to worry]** about her.
Ellen *hates* **going[to go]** to the dentist.

동명사
동명사는 「동사원형 + ing」의 형태로 문장에서 명사의 역할을 한다.

· 내신 빈출 문법
동명사 관용 표현
go v-ing: ~하러 가다
be busy v-ing: ~하느라 바쁘다
be worth v-ing: ~할 가치가 있다
cannot help v-ing: ~하지 않을 수 없다
(= cannot (help) but + 동사원형)
feel like v-ing: ~하고 싶다
(= would like to-v)
spend + 돈[시간] + v-ing:
~하는 데 돈[시간]을 쓰다[보내다]
look forward to v-ing: ~을 고대하다
keep ~ from v-ing: ~가 …하지 못하게 막다

b 의미 차이가 있는 경우: remember, forget, try 등은 to부정사와 동명사를 모두 목적어로 쓰지만 의미 차이가 있다.

remember + to부정사 remember + 동명사	(앞으로) ~할 것을 기억하다 (과거에) ~했던 것을 기억하다
forget + to부정사 forget + 동명사	(앞으로) ~할 것을 잊다 (과거에) ~했던 것을 잊다
try + to부정사 try + 동명사	~하려고 노력하다 (시험 삼아) ~해 보다

She *remembered* **to lock** the door. 그녀는 문을 잠가야 할 것을 기억했다.
She *remembered* **locking** the door. 그녀는 문을 잠근 것을 기억했다.

Luke *forgot* **to take out** the trash. Luke는 쓰레기를 내다 버려야 할 것을 잊었다.
Luke *forgot* **taking out** the trash. Luke는 쓰레기를 내다 버린 것을 잊었다.

cf. stop + 동명사: ~하는 것을 멈추다
　　 stop + to부정사: ~을 하기 위해 멈추다 〈to부정사의 부사적 용법〉

　　 He *stopped* **drinking** coffee. 그는 커피 마시는 것을 멈추었다.
　　 He *stopped* **to drink** coffee. 그는 커피를 마시기 위해 멈췄다.

01

다음 빈칸에 들어갈 말로 알맞지 <u>않은</u> 것은?

> My family _____ playing this board game.

① wanted
② liked
③ practiced
④ finished
⑤ enjoyed

02

다음 주어진 우리말과 같은 뜻이 되도록 빈칸에 들어갈 말로 알맞은 것은?

> 우리는 휴가를 어디로 갈지 결정하지 못했다.
> → We didn't decide _____ for our vacation.

① what to go
② when to go
③ how to go
④ where to go
⑤ whom to go

[03-04] 다음 빈칸에 들어갈 말로 알맞은 것을 모두 고르시오. (2개)

03

> They _____ to meet at the museum.

① gave up
② decided
③ enjoyed
④ avoided
⑤ agreed

04

> They continued _____ the computer game.

① play
② plays
③ to play
④ playing
⑤ to playing

[05-06] 다음 중 어법상 옳지 <u>않은</u> 것을 고르시오.

05

① Please tell me where to go.
② I decided not to sleep tonight.
③ We're so happy to see you again.
④ She is finding a new roommate to live.
⑤ It is not easy to sing in front of people.

06

① Tom and I went shopping.
② My father quit smoking.
③ He learned making candles.
④ I tried baking cupcakes for fun.
⑤ We are considering moving to Jinju.

07 통합유형

다음 빈칸에 들어갈 말로 바르게 짝지어진 것은?

> a. I want _____ my computer.
> b. She doesn't mind _____ in line.

① to fix – wait
② to fix – to wait
③ to fix – waiting
④ fixing – waiting
⑤ fixing – to wait

08

다음 밑줄 친 부분의 쓰임이 나머지와 다른 것은?

① I hope to see you again soon.
② They were sad to hear the story.
③ She agreed to follow the new rule.
④ It is dangerous to swim in the river.
⑤ His dream is to have his own restaurant.

09

다음 밑줄 친 부분의 우리말 해석이 옳지 않은 것은?

① She knows how to find him.
　　　　　　어떻게 찾아야 할지
② Remember to bring your passport.
　　가지고 올 것을 기억해
③ I couldn't decide whom to date.
　　　　　　　　누구와 데이트할지
④ Dave stopped to look at the map.
　　　　보는 것을 멈췄다
⑤ Let's talk about what to do on Sunday.
　　　　　　　　무엇을 할지

10 통합유형

다음 괄호 안에 들어갈 말로 바르게 짝지어진 것을 고르시오.

(A) Kate is busy [preparing / to prepare] for the exam.
(B) I didn't expect [seeing / to see] you here.
(C) We don't have time [talking / to talk].

	(A)	(B)	(C)
①	preparing	– seeing	– to talk
②	preparing	– to see	– talking
③	preparing	– to see	– to talk
④	to prepare	– seeing	– to talk
⑤	to prepare	– to see	– talking

11

다음 주어진 우리말을 영어로 바르게 옮긴 것은?

그는 그 문제를 스스로 해결하려고 노력했다.

① He tried solve the problem for himself.
② He tried not to solve the problem for himself.
③ He tried to solve the problem for himself.
④ He tried solved the problem for himself.
⑤ He tried not solving the problem for himself.

12 기출응용 대전 00중 1학년

다음 주어진 문장의 밑줄 친 부분과 쓰임이 다른 것은?

He went to the park to play soccer.

① They have a lot of homework to do.
② I took off my clothes to take a shower.
③ Did you practice hard to win the race?
④ Eric turned on the TV to watch the news.
⑤ I stopped by the supermarket to buy some food.

13 통합유형 기출응용 서울 00중 1학년

다음 밑줄 친 부분이 어법상 옳지 않은 것은?

① She refused to discuss the matter.
② We like walking in the park.
③ He gave up reading the English magazine.
④ I promised to help them.
⑤ My dad quit to smoke two years ago.

14

다음 밑줄 친 부분의 문장 내 역할이 옳지 <u>않은</u> 것은?

① They started <u>digging</u> in the ground. 〈보어〉
② You can keep <u>studying</u> in the library.
　〈동사의 목적어〉
③ Jacob is not interested in <u>learning</u> Chinese.
　〈전치사의 목적어〉
④ <u>Losing</u> five kilograms in a month is not easy.
　〈주어〉
⑤ She is thinking about <u>changing</u> the curtains.
　〈전치사의 목적어〉

15　통합유형

다음 중 동사 have를 활용하여 빈칸을 채울 때, 들어갈 말이 나머지와 <u>다른</u> 것은?

① How about _____ some tea?
② I hope _____ more new experiences.
③ They are proud of _____ loyal dogs.
④ Did you enjoy _____ dinner with him?
⑤ The couple is thinking of _____ a baby.

16　통합유형

다음 밑줄 친 부분을 바르게 고치지 <u>않은</u> 것은?

① She avoids <u>to meet</u> him at school.
　　　　　→ meeting
② <u>That</u> is difficult to pronounce your name.
　　→ It
③ Jenny refused <u>answering</u> the question.
　　　　　　→ to answer
④ Try to <u>not think</u> about the problem.
　　　　→ to think not
⑤ I don't know <u>what to turn on</u> this machine.
　　　　　　　→ how to turn on

17　통합유형

다음 중 어법상 옳지 <u>않은</u> 문장의 개수는?

a. To be an actress are her only dream.
b. She chose not to accept the job offer.
c. He gave up to write in his diary every day.
d. I hate playing with my younger brother.

① 0개　　② 1개　　③ 2개　　④ 3개　　⑤ 4개

[18-19] 다음 빈칸에 공통으로 들어갈 말로 알맞은 것을 고르시오.

18

a. Please tell me how _____ cheese at home.
b. Fred was driving home. He stopped _____ a phone call.

① make　　　　　② to make
③ made　　　　　④ making
⑤ to making

19

a. He avoided _____ in front of her.
b. They cannot help _____ at his funny jokes.

① laugh　　　　　② to laugh
③ laughed　　　　④ laughs
⑤ laughing

20 통합유형

다음 대화의 빈칸에 들어갈 말로 바르게 짝지어진 것은?

> Dad: John, where are you?
>
> John: I'm on my way home now. Why?
>
> Dad: I forgot _____ some milk. Can you buy some on your way home?
>
> John: Okay. Dad, will you go _____ with me tomorrow?
>
> Dad: Sure!

① to buy   –   fish
② to buy   –   fishing
③ to buy   –   to fish
④ buying   –   fishing
⑤ buying   –   to fish

서 · 술 · 형

21

다음 문장이 어법상 옳으면 O, 틀리면 X 표시하고 바르게 고치시오.

1) She kept to ride her bicycle. (   )

2) Do you like play card games? (   )

3) We found a perfect house to live in. (   )

4) His plan is worth trying. (   )

22

다음 우리말과 일치하도록 주어진 말을 활용하여 문장을 완성하시오.

> Wendy는 동굴을 탐험하는 데 두 시간을 보냈다.
> (spend, explore, the cave)

→ Wendy _____.

23

다음 주어진 단어를 활용하여 빈칸에 알맞은 말을 쓰시오.

> A: Hey! Stop 1) _____ (run) in the library.
> B: Oh, I'm sorry for 2) _____ (bother) you. I won't do it again.

24

다음 〈보기〉의 단어를 활용하여 빈칸에 알맞은 말을 쓰시오.

〈보기〉	become	read	change

1) Simon started _____ my report.

2) Can you tell me where _____ my clothes?

3) I hoped _____ a nurse when I was young.

25

다음 문장에서 틀린 부분을 바르게 고쳐 문장 전체를 다시 쓰시오.

1) There is to eat nothing healthy in your kitchen.

   → _____

2) This elderly woman needs a chair to sit.

   → _____

3) Kevin decided to not buy new shoes.

   → _____

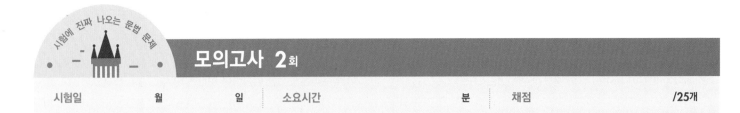
[01-02] 다음 빈칸에 들어갈 말로 알맞은 것을 고르시오.

01

> It is dangerous _____ in the sea.

① swim   ② swam
③ swimming   ④ to swim
⑤ to swimming

02

> Can you show me _____ to use this copy machine?

① how   ② what
③ where   ④ whom
⑤ when

03

다음 빈칸에 들어갈 말로 알맞지 <u>않은</u> 것을 모두 고르시오. (3개)

> Babies learn _____ from their parents.

① to speak   ② to walk
③ reading   ④ crawling
⑤ stand

04

다음 빈칸에 들어갈 말로 알맞지 <u>않은</u> 것은?

> She _____ taking pictures of her family.

① felt like   ② planned
③ was busy   ④ kept
⑤ quit

05

다음 빈칸에 공통으로 들어갈 말로 알맞은 것은?

> a. I can't decide _____ to put this table.
> b. Excuse me, _____ is the restroom?

① when   ② where
③ what   ④ who
⑤ how

[06-07] 다음 주어진 문장의 밑줄 친 부분과 쓰임이 <u>다른</u> 것을 고르시오.

06

> I'm so excited <u>to go</u> to Disneyland.

① She wants you <u>to be</u> happy.
② I am sorry <u>to hear</u> the news.
③ Was she happy <u>to see</u> her friends?
④ George was scared <u>to sing</u> on stage.
⑤ We were surprised <u>to see</u> him in Paris.

07

> I love <u>to cook</u> for my family.

① The baby began <u>to cry</u>.
② They planned <u>to go</u> to Yeosu.
③ I chose <u>to go</u> to Japan by ship.
④ My goal is <u>to be</u> a famous model.
⑤ My brother wants <u>to buy</u> a new watch.

08

다음 두 문장이 같은 뜻이 되도록 빈칸에 들어갈 말로 알맞은 것은?

> The manager doesn't know where to put the Christmas tree.
> = The manager doesn't know _____.

① where he put the Christmas tree
② where he should put the Christmas tree
③ where should he put the Christmas tree
④ where he to put the Christmas tree
⑤ should where he put the Christmas tree

[09-10] 다음 중 어법상 옳지 않은 것을 고르시오.

09

① I'm busy writing a book.
② Will you go jogging with me?
③ She couldn't help but fall in love with him.
④ We feel like go to an amusement park.
⑤ Don't spend too much time playing computer games.

10

① It began to rain.
② I tried not to blink.
③ I have something to tell you.
④ To watch old movies are my hobby.
⑤ Remember to close the gas valve after cooking.

11

다음 밑줄 친 부분의 문장 내 역할이 옳지 않은 것은?

① She wants to buy a car. 〈목적어〉
② He agreed to meet on Friday. 〈목적어〉
③ It is my dream to go to Spain. 〈주어〉
④ His plan is to study English in Canada. 〈주격보어〉
⑤ We went to the library to borrow a book.
〈목적격보어〉

12 통합유형

다음 중 어법상 옳은 것끼리 바르게 짝지어진 것은?

> a. She likes dance with her sister.
> b. Stop chatting with your friend!
> c. I am tired of arguing with him.
> d. They refused to eat meat.
> e. She practiced to make apple pies.

① a, b, c   ② a, d, e
③ b, c, d   ④ b, d, e
⑤ c, d, e

13

다음 주어진 우리말을 영어로 바르게 옮긴 것은?

> 그는 지난밤에 그녀에게 전화했던 것을 기억할 수 없었다.

① He can't remember to call her last night.
② He can't remember calling her last night.
③ He couldn't remember to call her last night.
④ He couldn't remember calling her last night.
⑤ He could remember not to call her last night.

14

① Are you good at <u>playing</u> baseball?
② I'm interested in <u>studying</u> science.
③ My father is considering <u>retiring</u>.
④ We avoid <u>riding</u> bikes without helmets.
⑤ Her job is <u>repairing</u> cars.

15 기출응용 서울 00중 1학년

① We need <u>to make</u> a reservation.
② I planned <u>to have</u> a party.
③ She forgot <u>to send</u> me a letter.
④ I promised <u>to help</u> my mom tonight.
⑤ He was silly <u>to make</u> such mistakes.

[16-17] 다음 괄호에 들어갈 말로 바르게 짝지어진 것을 고르시오.

16

(A) They promised [to not be / not to be] late again.
(B) [It / That] was fun to talk with her.
(C) Do you have [important anything / anything important] to say?

	(A)	(B)	(C)
①	to not be	– It	– important anything
②	not to be	– It	– important anything
③	not to be	– That	– important anything
④	not to be	– It	– anything important
⑤	to not be	– That	– anything important

17 통합유형

(A) Mr. Lee went to America [becoming / to become] an actor.
(B) Suzy is busy [filming / to film] her movie.
(C) It's hard [understand / to understand] his class.

	(A)	(B)	(C)
①	becoming	– filming	– understand
②	becoming	– to film	– understand
③	to become	– to film	– to understand
④	to become	– filming	– understand
⑤	to become	– filming	– to understand

18 통합유형 기출응용 서울 00중 1학년

다음 중 어법상 옳지 <u>않은</u> 문장의 개수는?

a. Planning an exhibition is not an easy job.
b. I have nothing to do this weekend.
c. Hannah was happy to find her dog.
d. I called her in order to ask a question.

① 0개   ② 1개   ③ 2개   ④ 3개   ⑤ 4개

19 통합유형

다음 중 빈칸에 쓰이지 <u>않는</u> 것은?

a. He refused _____ his notebook to me.
b. I didn't know when _____ the button.
c. Amanda really hates _____ alone.
d. Why don't you quit _____?

① to be   ② smoking
③ to lend   ④ to press
⑤ to fight

20

다음 중 어법상 옳은 것을 모두 고르시오. (2개)

① I'm sorry for coming late.
② I couldn't help eat the chocolate cake.
③ He will let you know where to go.
④ She wants a cup of water to drink in.
⑤ Ms. Carter lived to being only 40.

서 · 술 · 형

---

21 기출응용 경주 00중 1학년

다음 표를 보고 주어진 말을 활용하여 문장을 완성하시오. (현재시제로 쓸 것)

Things to Do This Weekend			
	watch a movie	play online games	do homework
Sue		○	
Lina			○
Alex	○		

1) Sue _____ this weekend. (feel like)

2) Lina _____ this weekend. (plan)

3) Alex _____ this weekend. (want)

---

22 통합유형

다음 일기를 읽고, 어법상 옳지 <u>않은</u> 것을 모두 찾아 바르게 고치시오. (3개)

Today, our class went on a field trip to Gyeongju. I forgot bringing my lunch box. But my friend Jane offered sharing her food. I decided to buy her a small present later. After lunch, we enjoyed to chat with our friends!

23

다음 그림과 일치하도록 〈보기〉에서 알맞은 말을 골라 문장을 완성하시오.

〈보기〉 finish, hate, decide, promise, eat, eating, to wear, wearing

1)  2)

1) Children usually _____ _____ vegetables.

2) She can't _____ what _____ _____.

24

다음 우리말과 일치하도록 주어진 단어를 활용하여 빈칸에 알맞은 말을 쓰시오.

1) 이 영화는 두 번 볼 가치가 있니? (watch)
  → Is this movie worth _____ twice?

2) 우리는 캠핑을 가지 않기로 결정했다. (go)
  → We decided _____ camping.

3) 그녀는 슈퍼마켓에서 계란을 사야 할 것을 잊어버렸다. (buy)
  → She forgot _____ eggs at the supermarket.

25

다음 우리말과 일치하도록 주어진 말을 바르게 배열하여 문장을 완성하시오.

1) 너는 매주 일요일마다 등산하러 가니?
  (you, every, do, hiking, Sunday, go)
  → _____?

2) 그들은 시험을 위해 공부하느라 바쁘다.
  (are, for, studying, they, the exam, busy)
  → _____.

번호	문항별 출제 포인트	O/X/△
	모의고사 1회	
1	동명사의 목적어 역할	
2	의문사 + to부정사	
3	to부정사의 목적어 역할	
4	to부정사와 동명사	
5	to부정사	
6	동명사	
7	to부정사의 목적어 역할 / 동명사의 목적어 역할	
8	to부정사의 명사적 용법	
9	의문사 + to부정사 / remember + to부정사 / stop + to부정사	
10	동명사 관용 표현 / to부정사의 목적어 역할 / to부정사의 형용사적 용법	
11	try + to부정사	
12	to부정사의 부사적 용법	
13	to부정사의 목적어 역할 / 동명사의 목적어 역할	
14	동명사의 역할	
15	동명사의 목적어 역할 / to부정사의 목적어 역할	
16	동명사의 목적어 역할 / to부정사	
17	to부정사의 명사적 용법 / to부정사의 부정형 / 동명사의 목적어 역할	
18	의문사 + to 부정사 / stop + to부정사	
19	동명사의 목적어 역할 / 동명사 관용 표현	
20	forget + to부정사 / 동명사 관용 표현	
21	to부정사 / 동명사	
22	동명사 관용 표현	
23	stop + 동명사 / 동명사의 목적어 역할	
24	to부정사와 동명사 / 의문사 + to부정사	
25	to부정사	

번호	문항별 출제 포인트	O/X/△
	모의고사 2회	
1	to부정사의 명사적 용법	
2	의문사 + to부정사	
3	to부정사의 목적어 역할	
4	동명사 관용 표현 / 동명사의 목적어 역할	
5	의문사 + to부정사 / 의문사	
6	to부정사의 부사적 용법	
7	to부정사의 명사적 용법	
8	의문사 + to부정사	
9	동명사 관용 표현	
10	to부정사	
11	to부정사의 명사적 용법	
12	to부정사의 목적어 역할 / 동명사의 목적어 역할	
13	remember + 동명사	
14	동명사의 목적어 역할	
15	to부정사의 명사적 용법	
16	to부정사의 부정형 / 가주어 it / to부정사의 형용사적 용법	
17	to부정사의 명사적, 부사적 용법 / 동명사 관용 표현	
18	동명사의 역할 / to부정사의 형용사적, 부사적 용법	
19	to부정사의 목적어 역할 / 의문사 + to부정사 / 동명사의 목적어 역할	
20	to부정사 / 동명사	
21	to부정사 / 동명사	
22	forget + to부정사 / to부정사의 목적어 역할 / 동명사의 목적어 역할	
23	to부정사와 동명사 / 의문사 + to부정사	
24	동명사 관용 표현 / to부정사의 부정형 / forget + to부정사	
25	동명사 관용 표현	

Victory belongs to the most persevering.

승리는 가장 끈기 있는 자에게 돌아간다.

- Napoleon Bonaparte -

UNIT 04

명사와 관사, 형용사와 부사, 비교, 전치사, 접속사

UNIT 04 | 명사와 관사, 형용사와 부사, 비교, 전치사, 접속사

A 명사와 관사

1 셀 수 있는 명사

a 명사의 규칙 복수형

대부분의 명사	+ -s	dogs, bags, maps
-s, -ch, -sh, -x, -o로 끝나는 명사	+ -es	buses, watches, dishes, boxes, potatoes (예외: pianos, photos)
자음 + y로 끝나는 명사	y → i + -es	baby → babies, city → cities, lady → ladies
-f, -fe로 끝나는 명사	f(e) → v + -es	leaf → leaves, knife → knives (예외: roofs)

b 명사의 불규칙 복수형

단수와 복수의 형태가 같은 경우	단수와 복수의 형태가 다른 경우
fish-fish, sheep-sheep, deer-deer 등	man-men, woman-women, foot-feet, tooth-teeth, child-children, mouse-mice 등

2 셀 수 없는 명사

고유명사	사람, 사물, 장소 등의 고유한 이름	Chris, Seoul, Amazon 등
추상명사	추상적인 개념이나 감정	love, luck, peace, health 등
물질명사	나누어 세기 어려운 물질이나 재료	water, bread, money, salt, paper 등

3 명사의 수

a 항상 단수 취급하는 명사

Physics *is* my favorite subject. 〈학문명, 질병 이름 등〉
→ mathematics, politics, economics 등의 학문명은 -s로 끝나더라도 항상 단수 취급한다.

b 항상 복수 취급하는 명사

Five **people** *are* waiting for you now.
His **glasses** *are* on the table.
→ glasses, jeans, pants, scissors 등 두 개가 한 쌍을 이루는 명사는 항상 복수형으로 쓰고 복수 취급한다.

4 관사

a 부정관사 a(n)와 정관사 the

부정관사 a(n)	정관사 the
특정하지 않은 하나를 나타낼 때 She picked up **a** notebook.	앞에서 언급된 것을 나타낼 때 He bought *a book*. **The** book is interesting.
'하나(=one)'를 나타낼 때 I had **an** egg and two apples for breakfast.	수식어구가 있어 가리키는 대상이 명확할 때 **The** pen *on your desk* is mine.
'~마다(=per)'를 나타낼 때 He goes to the gym twice **a** week.	말하는 사람과 듣는 사람 모두 정황상 그 대상을 알 때 Will you open **the** door?

· 내신 빈출 문법

물질명사의 수량 표현
물질명사는 cup, glass, piece, slice, sheet 등의 단위를 써서 수량을 나타낸다. 둘 이상의 수량은 단위를 복수형으로 쓴다.
a glass of / a slice of / a piece of / a bottle of
She had *a* **piece of bread**.
I drink *eight* **cups of water** a day.

한 쌍을 이루는 명사의 수량 표현
glasses, jeans, pants, scissors, shoes 등은 pair를 이용해 수량을 표현한다.
I bought *a* **pair of pants**.
I gave him *two* **pairs of shoes**.

부정관사 a(n)
셀 수 있는 명사의 단수형 앞에 쓴다. 자음 소리로 시작하는 단어 앞에는 a, 모음 소리로 시작하는 단어 앞에는 an을 쓴다.

정관사 the
가리키는 대상이 분명할 때 쓰며, 단수명사 또는 복수명사 앞에 모두 쓸 수 있다.

b 관용적으로 정관사 the를 쓰는 경우

The sun is bigger than **the** earth. 〈유일한 자연물〉
He played **the** piano for her. 〈play + 악기 이름〉
I heard the news on **the** radio. 〈일부 매체〉

c 관사를 쓰지 않는 경우 → the Internet, the radio, (go to) the movies
등으로 정관사 the를 쓴다.

Let's go to *lunch*. 〈식사 이름〉
cf. 식사 이름 앞에 수식하는 말이 오면 부정관사 a/an을 쓰기도 한다.
    Have **a** *great dinner*.

I like to play *tennis*. 〈운동경기 이름〉
He goes to school *by bus*. 〈by + 교통/통신 수단〉
go to bed(잠자리에 들다), go to school(등교하다) 등 〈장소가 본래 용도로 쓰일 때〉
She went to *bed* early last night. ('잠자리에 들다'의 의미인 경우)
cf. She went to **the** *bed* to get her pillow. (가구인 '침대'로 가는 경우)

B 형용사와 부사

1 형용사

I bought a **new** *bike*. 〈명사 수식: 대부분의 명사는 앞에서 수식〉
She wants *something* **hot** to drink.
〈명사 수식: -thing, -body, -one으로 끝나는 대명사는 뒤에서 수식〉
My girlfriend is **pretty**. 〈주격보어〉
My dog makes *me* **happy**. 〈목적격보어〉

> **형용사**
> (대)명사를 수식하거나, 주어나 목적어를 보충 설명하는 보어 역할을 한다.

2 수량형용사

명사의 수량을 나타내는 형용사로, 수식하는 명사의 성질에 따라 쓰일 수 있는 수량형용사가 달라진다.

셀 수 있는 명사의 복수형	셀 수 없는 명사	의미
a few	a little	조금 있는, 약간의
few	little	거의 없는
many	much	많은
a lot of / lots of		

There are **a few** *books* in the room.
We get **little** *snow* in our town.
My brother has **many[a lot of / lots of]** *friends*.
I cannot afford it now. I don't have **much[a lot of / lots of]** *money*.

3 부사

a 부사의 역할

My grandfather *talks* **slowly**. 〈동사 수식〉
I heard the news. It was **very** *sad*. 〈형용사 수식〉
She walks **really** *fast*. 〈부사 수식〉
Unfortunately, *I can't go to your party.* 〈문장 전체 수식〉

> **부사**
> 동사, 형용사, 다른 부사, 문장 전체를 수식하여 의미를 더해준다.

b 부사의 형태

대부분의 형용사를 활용한 부사	+ -ly	slow**ly**, kind**ly**, real**ly**, beautiful**ly**
-y로 끝나는 형용사를 활용한 부사	y → i + -ly	happ**ily**, eas**ily**, luck**ily**, heav**ily**
형용사와 형태가 같은 부사		fast(혱 빠른 / 훠 빨리), early(혱 이른 / 훠 일찍) late(혱 늦은 / 훠 늦게), hard(혱 열심히 하는 / 훠 열심히) high(혱 높은 / 훠 높게), near(혱 가까운 / 훠 가까이)
〈부사 + ly〉가 다른 의미의 부사인 경우		late(늦게) – lately(최근에), high(높게) – highly(매우) hard(열심히) – hardly(거의 ~않는) near(가까이) – nearly(거의)

4 빈도부사

a 의미

0%   100%(빈도수)

never(결코 ~않다)	sometimes(가끔)	often(자주)	usually(대개)	always(항상)

> **빈도부사**
> 어떤 일이 얼마나 자주 일어나는지를 나타내는 부사로 일반동사 앞, be동사나 조동사 뒤에 위치한다.

b 위치

I **sometimes** *play* the piano. 〈일반동사 앞〉
He *is* **never** late for school. 〈be동사 뒤〉
You *should* **often** change your password. 〈조동사 뒤〉

C 비교

1 형용사와 부사의 비교급과 최상급

		원급	비교급	최상급
대부분의 단어	원급 + -er/-est	fast	fast**er**	fast**est**
-e로 끝나는 단어	원급 + -r/-st	nice	nice**r**	nice**st**
〈단모음 + 단자음〉으로 끝나는 단어	자음을 한 번 더 쓰고 + -er/-est	hot	hot**ter**	hot**test**
-y로 끝나는 단어	y → i + -er/-est	happy	happ**ier**	happ**iest**
일부 2음절 단어와 3음절 이상의 단어	단어 앞에 more/most	beautiful	**more** beautiful	**most** beautiful
불규칙 변화		good/well	better	best
		bad	worse	worst
		many/much	more	most
		little	less	least

2 원급 비교

「as + 원급 + as」: ~만큼 …한[하게]

I am **as tall as** my sister.
I am **not as tall as** my brother.
↳ 부정형은 「not + as + 원급 + as」이다.

3 비교급 비교

「비교급 + than」: ~보다 더 …한[하게]

She runs **faster than** me.

> **• 내신 빈출 문법**
> **비교급의 강조**
> 비교급 앞에 much, still, a lot, far, even 등을 써서 '훨씬 더 ~한[하게]'의 의미로 비교급을 강조할 수 있다.
>
> Your desk is **much** *wider than* mine. 네 책상은 내 것보다 훨씬 더 넓다.

4 최상급 비교

「the + 최상급」: 가장 ~한

Mount Everest is **the highest** mountain in the world.

「one of the + 최상급 + 복수명사」: 가장 ~한 ⋯ 중의 하나

This is **one of the oldest buildings** in the world.

Ⓓ 전치사

전치사
(대)명사나 동명사 앞에 쓰여 시간, 장소 등
을 나타낸다.

1 시간을 나타내는 전치사

a **in**, **at**, **on**(~에)

I will go to Australia **in** January. 〈in + 연도, 계절, 월, 오전/오후〉
Dad wakes up **at** 6 every morning. 〈at + 구체적인 시각, 하루의 때〉
The library closes **on** Mondays. 〈on + 날짜, 요일, 특정한 날〉

b **before**(~전에), **after**(~후에)

Go to the bathroom **before** class.
We watched a movie **after** lunch.

c **for**, **during**(~동안)

I will stay at my uncle's house **for** a week. 〈for + 구체적인 기간〉
My phone rang **during** the lecture. 〈during + 특정한 때〉

2 장소를 나타내는 전치사

a **in**(~(안)에), **at**(~에), **on**(~(위)에)

I live **in** Seoul. 〈in + 공간의 내부, 비교적 넓은 장소〉
Nick left his umbrella **at** school. 〈at + 비교적 좁은 장소·지점〉
There is a painting **on** the wall. 〈on + 접촉해 있는 장소〉

b **over**(~위쪽에), **under**(~아래에), **behind**(~뒤에), **near**(~근처에)

He put a blanket **over** Kate's shoulders.
Children are sitting **under** the tree.
There is a parking lot **behind** the building.
Is there a hospital **near** the station?

→ 둘 이상의 단어로 된 전치사이다.
c **구 전치사**: in front of(~앞에), next to(~옆에), across from(~맞은편에),
between A and B(A와 B 사이에), from A to B(A부터 B까지)

I am sitting **in front of** the table.
The boy sat **next to** the pretty girl.
Robin lives **across from** my house.
He is standing **between** Jack **and** John.
cf. Let's meet **between** 3 p.m. **and** 4 p.m. tomorrow.
The flight **from** Incheon **to** Bangkok takes about six hours.
cf. They take a break on weekdays **from** 3 p.m. **to** 4 p.m.

「between A and B」, 「from A to B」는 시간, 장소
둘 다 나타낼 수 있다.

E 접속사

1 등위접속사

I like *fish* **and** *meat*. / James is *small* **but** *strong*. 〈단어와 단어 연결〉
Which do you prefer, *reading books* **or** *watching movies*? 〈구와 구 연결〉
I was hungry, **so** *I bought a sandwich*. 〈절과 절 연결〉

2 종속접속사

a 시간을 나타내는 종속접속사: when(~할 때), before(~하기 전에), after(~한 후에), while(~하는 동안), until(~할 때까지)

↱ 종속절(부사 역할 → 부사절)
When <u>I was a student</u>, I liked history.
I have to go home **before** it gets dark.
We went to the theater **after** we had dinner.
While you were sleeping, I watched a movie.

b 이유를 나타내는 종속접속사: because(~때문에)

I didn't go to school **because** I was sick.

c 조건을 나타내는 종속접속사: if(만약 ~하다면)

Please contact us **if** you have a question.

d 명사절을 이끄는 종속접속사: that(~라는 것)

↱ 주어로 쓰인 that절 자리는 보통 가주어 it으로 대신하고 that절을 문장 끝으로 보낸다.
It is surprising **that** he passed the exam. 〈주어〉
↱ 종속절(명사 역할 → 명사절)
(← **That** he passed the exam is surprising.)
The problem is **that** he is always late. 〈보어〉
I believe (**that**) Jenny knows the truth. 〈목적어〉
↳ 목적어로 쓰인 명사절을 이끄는 종속접속사 that은 생략할 수 있다.

접속사
단어와 단어, 구와 구, 절과 절을 연결하는 말이다.

등위접속사
and(그리고), but(그러나), or(또는)는 문법적으로 대등한 단어와 단어, 구와 구, 절과 절을 연결한다. so(그래서)는 절과 절을 연결한다.

종속접속사
절과 절을 연결하는 말로, 종속접속사가 이끄는 종속절이 다른 절(주절)의 내용을 보충하는 역할을 한다.

・내신 빈출 문법
시간과 조건을 나타내는 부사절에서의 시제
시간이나 조건을 나타내는 접속사가 이끄는 부사절에서는 미래시제 대신 현재시제를 쓴다.

I will finish my homework **before** Mom *comes* back. 〈시간〉
[~~I will finish my homework before Mom will come back.~~]
If you *take* the subway, you will be on time. 〈조건〉

01

다음 중 명사의 복수형이 <u>잘못</u> 연결된 것은?

① baby – babies   ② child – children
③ sheep – sheeps   ④ mouse – mice
⑤ wolf – wolves

02

다음 빈칸에 들어갈 말로 알맞지 <u>않은</u> 것은?

> There are _____ on the table.

① pens   ② cheese
③ spoons   ④ three books
⑤ two cups of coffee

03

다음 빈칸에 들어갈 말로 알맞은 것은?

> I have a stomachache _____ I had too much ice cream yesterday.

① if   ② because
③ when   ④ that
⑤ while

04

다음 빈칸에 들어갈 말로 알맞지 <u>않은</u> 것을 모두 고르시오.

> My car is _____ more expensive than hers.

① very   ② even
③ many   ④ far
⑤ a lot

[05–06] 다음 괄호 안에 들어갈 말로 바르게 짝지어진 것을 고르시오.

05

> (A) She likes to play [a / the] violin.
> (B) [A / The] sun is bigger than the planets.
> (C) She has [a / the] piece of paper and a pen.

	(A)		(B)		(C)
①	a	–	The	–	a
②	a	–	A	–	the
③	the	–	A	–	a
④	the	–	The	–	the
⑤	the	–	The	–	a

06

> (A) I didn't have [many / much] time, so I skipped lunch.
> (B) There are [a few / a little] students in the classroom.
> (C) He had [few / little] luck, so he didn't get the job.

	(A)		(B)		(C)
①	many	–	a few	–	few
②	many	–	a little	–	little
③	much	–	a few	–	little
④	much	–	a few	–	few
⑤	much	–	a little	–	few

07 기출응용 서울 00중 1학년

다음 밑줄 친 부분 중 어법상 옳지 <u>않은</u> 것은?

① She went to bed <u>earlier than</u> usual.
② This novel is <u>as interesting as</u> that one.
③ Seoul is <u>one of the biggest city</u> in the world.
④ This chair is <u>much more comfortable</u> than that one.
⑤ Who is <u>the tallest student</u> in your school?

08

다음 빈칸에 들어갈 말로 바르게 짝지어진 것은?

> a. She worked _____ to save money for the trip.
> b. I _____ know him. I've never talked to him.

① hard – hard ② hard – hardly
③ hardly – hardly ④ hardly – hard
⑤ hard – hardest

09 기출응용 서울 00중 1학년

다음 빈칸에 because가 들어갈 수 없는 것은?

① Adam missed the bus _____ he got up late.
② _____ it is raining a lot, we have to stay inside.
③ The room was too hot, _____ I turned on the air conditioner.
④ I'm sleepy _____ I couldn't sleep well last night.
⑤ He was late _____ there was heavy traffic on the road.

10

다음 중 어법상 옳지 않은 것은?

① Her sister is much taller than her.
② Your room is not as bigger as mine.
③ Hugh is more handsome than David.
④ This is the hottest place in the world.
⑤ The final exam was easier than the midterm exam.

[11-12] 다음 빈칸에 들어갈 말이 나머지와 다른 것을 고르시오.

11

① I was born _____ 1999.
② We have no class _____ Sundays.
③ There are some flowers _____ the vase.
④ Mr. Song is a famous singer _____ Korea.
⑤ Leaves become yellow and red _____ autumn.

12

① I was sick, _____ I came home early.
② Amy is not pretty, _____ she is cute.
③ My father likes fishing, _____ I don't.
④ He woke up late, _____ he wasn't late for work.
⑤ She wanted some dessert, _____ she didn't have enough money.

13

다음 표의 내용과 일치하도록 빈칸에 들어갈 말로 알맞은 것은?

Donna's Schedule	
1 p.m. - 2 p.m.	Have lunch with Tina
2 p.m. - 4 p.m.	Study at the library
4 p.m. - 5 p.m.	Play soccer with friends

> Donna will study at the library _____ 2 p.m. and 4 p.m.

① from ② during ③ between
④ for ⑤ after

14 통합유형

다음 중 어법상 옳은 것은?

① I'll always be there for you.
② He can give you a few money.
③ She bought expensive something.
④ The students go usually to school by bus.
⑤ This is the more popular magazine in Korea.

15 기출응용 서울 00중 1학년

다음 밑줄 친 부분의 쓰임이 나머지와 다른 것은?

① Is that your sister Kelly?
② She thinks that she knows all about him.
③ It was amazing that he became a doctor.
④ The problem is that I can't buy this book in Korea.
⑤ It surprised my family that I came back home.

16

다음 주어진 문장의 밑줄 친 부분과 역할이 같은 것을 모두 고르시오.

The train sometimes arrives late.

① This is a beautiful dress.
② Cheetahs can run really fast.
③ George is a hard worker.
④ I woke up early this morning.
⑤ This cafe has a high ceiling.

17 통합유형 기출응용 서울 00중 1학년

다음 중 어법상 옳지 않은 문장의 개수는?

a. I have a few pens in my backpack.
b. She is wearing usually sunglasses.
c. Let's go to the mall in the afternoon.
d. We need five pieces of papers.

① 0개   ② 1개   ③ 2개   ④ 3개   ⑤ 4개

18 통합유형 기출응용 서울 00중 1학년

다음 밑줄 친 부분 중 어법상 옳은 것을 모두 고르시오. (2개)

① Can I get a few advice from you?
② Let's go skiing on New Year's Day.
③ If I will meet her, I will tell her the truth.
④ John is the most tall person in his family.
⑤ I won't talk to you until you apologize to me.

19 통합유형

다음 중 어법상 옳은 것끼리 바르게 짝지어진 것은?

a. A happiness is the most important thing to me.
b. This cake is as not big as that cake.
c. I'll hang this picture on the wall.
d. She wants something sweet.

① a, b   ② a, c
③ b, c   ④ b, d
⑤ c, d

20 [통합유형]

다음 밑줄 친 부분을 바르게 고치지 <u>않은</u> 것은?

① My new pants <u>is</u> comfortable.
　　　　　　→ are
② How's your brother doing <u>late</u>?
　　　　　　→ lately
③ Sujin is <u>the most smart</u> student in her class.
　　　　　　→ the smartest
④ Her hands were <u>as more cold as</u> ice.
　　　　　　→ as colder as
⑤ If you <u>will visit</u> me tomorrow, I'll buy you dinner.
　　　　　　→ visit

서 · 술 · 형

21

다음 우리말과 일치하도록 주어진 단어를 활용하여 빈칸에 알맞은 말을 쓰시오.

> 그는 졸업한 후에 변호사로 일할 것이다.

→ He ＿＿＿＿＿＿ (work) as a lawyer after he ＿＿＿＿＿＿ (graduate).

22

다음 우리말과 일치하도록 주어진 말을 바르게 배열하시오.

> A: I'm thirsty. 1) <u>나는 시원한 뭔가를 원해.</u>
> B: Me, too. 2) <u>난 여름에는 항상 목마름을 느껴.</u>
> A: It's because we sweat a lot.

1) (something, I, cold, want)
　→ ＿＿＿＿＿＿＿＿＿＿ .
2) (thirsty, the summer, always, in, feel)
　→ I ＿＿＿＿＿＿＿＿＿＿ .

23

다음 우리말과 일치하도록 빈칸에 알맞은 말을 쓰시오.

1) 테이블 위에 두 잔의 물이 있다.
　→ There are ＿＿＿＿＿＿＿＿＿ on the table.

2) A잔에는 물이 거의 없다.
　→ There is ＿＿＿＿＿＿＿＿＿ in Glass A.

3) B잔에는 물이 조금 있다.
　→ There is ＿＿＿＿＿＿＿＿＿ in Glass B.

24

다음 표의 내용과 일치하도록 주어진 단어를 활용하여 빈칸에 알맞은 말을 쓰시오.

	Price	Taste	Service
Steak House	$45	★★	☺☺☺☺
ABC Steak	$35	★★★	☺
Beef World	$40	★★★★	☺☺

> I compared three restaurants in my town. First, 1) Steak House는 우리 마을에서 가장 비싼 스테이크를 제공한다. I like their service but 2) 그들의 스테이크는 Beef World의 스테이크만큼 맛있지는 않다.

1) Steak House serves ＿＿＿＿＿ ＿＿＿＿＿ ＿＿＿＿＿ steak in my town. (expensive)

2) Their steak is ＿＿＿＿＿ ＿＿＿＿＿ ＿＿＿＿＿ ＿＿＿＿＿ the steak at Beef World. (delicious)

25

다음 글을 읽고 밑줄 친 부분을 어법상 바르게 고치시오.

> I have a busy schedule next week. On Monday, I will have 1) <u>a lunch</u> with Anna. Then I will go to the dentist on Wednesday. On Saturday, I am going to 2) <u>play the soccer</u> with my friends.

01

다음 빈칸에 들어갈 말로 알맞지 <u>않은</u> 것은?

> I need to buy a new pair of _____.

① scissors　　② sunglasses
③ shoes　　　④ jeans
⑤ watch

02

다음 밑줄 친 부분의 의미가 바르지 <u>않은</u> 것은?

① A pretty girl is standing <u>next to William</u>.
　　　　　　　　　William 옆에
② Dokdo is <u>between Korea and Japan</u>.
　　　　　　　한국과 일본 사이에
③ My mom works <u>from 9 a.m. to 6 p.m.</u>
　　　　　　　오전 9시부터 오후 6시까지
④ I'm waiting for you <u>in front of the bookstore</u>.
　　　　　　　서점 안에서
⑤ There is a bakery <u>across from the gas station</u>.
　　　　　　　주유소 맞은 편에

[03-05] 다음 빈칸에 들어갈 말로 바르게 짝지어진 것을 고르시오.

03

> a. I need a _____ and two eggs to make some pancakes.
> b. There are two _____ on the table for you and your brother.

① milk　　　　　　– breads
② milks　　　　　– bread
③ cup of milk　　 – piece of breads
④ cup of milk　　 – pieces of bread
⑤ cup of milks　 – piece of bread

04

> a. That was an _____ question.
> b. You can solve that question _____.

① easy　　– easy
② easy　　– easily
③ ease　　– easier
④ easily　– easy
⑤ easily　– easily

05 　기출응용 서울 00중 1학년

> a. She was mad at me _____ I ate her cake.
> b. I want to meet you _____ you have time.

① if　　　　– when
② when　　– that
③ because　– if
④ that　　　– after
⑤ while　　– from

[06-07] 다음 밑줄 친 부분이 어법상 옳은 것을 고르시오.

06

① I was born in <u>a Seoul</u> in 1991.
② Give me <u>a orange</u> and a lemon.
③ She brought <u>a slices of</u> cheese.
④ Kate will play <u>the piano</u> for her parents.
⑤ We had toast and milk for <u>the breakfast</u>.

07

① This bag was really <u>cheaply</u>.
② I will return with your food <u>short</u>.
③ Mr. Thompson has a <u>largely</u> dog.
④ I can't understand. You speak too <u>fast</u>.
⑤ I don't want a cold drink. Do you have anything <u>warmly</u>?

[08-09] 다음 주어진 우리말을 영어로 바르게 옮긴 것을 고르시오.

08

Sam은 가끔 그의 남동생에게 편지를 쓴다.

① Sam writes letters to his brother.
② Sam writes often letters to his brother.
③ Sam often writes letters to his brother.
④ Sam writes sometimes letters to his brother.
⑤ Sam sometimes writes letters to his brother.

09

Jade는 우리 반에서 가장 인기 있는 학생 중 한 명이다.

① Jade is one of the popular student in my class.
② Jade is one of the most popular students in my class.
③ Jade is one of the most popular student in my class.
④ Jade is one of most popular student in my class.
⑤ Jade is one of most popular students in my class.

10

다음 우리말과 일치하도록 빈칸에 들어갈 말로 알맞은 것은?

이곳은 사막만큼 덥다.
→ This place is as _____ as a desert.

① hot   ② hotter
③ hottest   ④ more hot
⑤ most hot

11

기출응용 서울 00중 1학년

다음 표의 내용과 일치하지 않는 것은?

이름	나이	키
Jimin	17살	172 cm
Minjun	15살	153 cm
Yumi	19살	168 cm

① Jimin is not as old as Yumi.
② Jimin is much taller than Minjun.
③ Minjun is the youngest of the three.
④ Yumi is not as tall as Minjun.
⑤ Minjun is shorter than Yumi.

12

다음 중 빈칸에 쓰이지 않는 것은?

a. You watched TV _____ five hours.
b. He went to Canada _____ 2013.
c. I will see you again _____ July 23.
d. Let's take a walk _____ dinner.

① in   ② on   ③ for   ④ after   ⑤ at

13

다음 그림의 내용과 일치하지 않는 것은?

① The library is near the park.
② The park is across from the restaurant.
③ The coffee shop is in the park.
④ The hospital is between the restaurant and the theater.
⑤ The gift shop is behind the theater.

14

다음 빈칸에 들어갈 말이 나머지와 다른 것은?

① I like to listen to _____ radio.
② Take this pill three times _____ day.
③ _____ moon rose at 7 p.m. yesterday.
④ Sally plays _____ cello in an orchestra.
⑤ There is a restaurant on Fifth Street. _____ restaurant is expensive.

[15-16] 다음 밑줄 친 부분이 어법상 옳지 않은 것을 모두 고르시오.

15

① Don't leave your kid in the car.
② We will visit you on the afternoon.
③ I easily catch colds for the winter.
④ Food goes bad quickly during the rainy season.
⑤ She was waiting in line for 30 minutes.

16 통합유형 기출응용 서울 00중 1학년

① She sometimes takes a nap for lunchtime.
② James is sitting right in front of me.
③ There are three piece of cake on the table.
④ She brought a bottle of wine.
⑤ Ted bought a pair of pants and a shirt last week.

17 통합유형

다음 중 어법상 옳은 문장의 개수는?

a. He is very faster than me.
b. I like spring better fall.
c. You can visit me between 5 or 6 p.m.
d. The movie will begin in 8 p.m.

① 0개   ② 1개   ③ 2개   ④ 3개   ⑤ 4개

18 통합유형

다음 두 문장의 의미가 같지 않은 것은?

① Ms. Brown is as old as my mother.
Ms. Brown and my mother are the same age.
② Bring me 10 pieces of paper.
Bring me 10 sheets of paper.
③ She drank a little coffee this morning.
She drank little coffee this morning.
④ He took many photos of her.
He took a lot of photos of her.
⑤ I ordered pizza because I was hungry.
I was hungry, so I ordered pizza.

19 통합유형

다음 중 어법상 옳지 않은 것을 모두 고르시오. (2개)

① I will see never him again.
② Adriana is pretty but lazy.
③ Mr. Hwang is always busy.
④ The boy kicked the ball highly.
⑤ It is amazing that she became a fashion model.

20 통합유형

다음 괄호 안에 들어갈 말로 바르게 짝지어진 것은?

(A) There are four [womans / women] in the room.
(B) She [hard / hardly] sees Peter at school.
(C) The bakery is [a little / a few] blocks away
     from here.

	(A)		(B)		(C)
①	womans	–	hard	–	a little
②	womans	–	hardly	–	a little
③	women	–	hard	–	a few
④	women	–	hardly	–	a little
⑤	women	–	hardly	–	a few

서 · 술 · 형

21

다음 주어진 단어를 활용하여 빈칸에 알맞은 말을 쓰시오.

1) Charlie enjoys watching TV and _____
   books. (read)

2) Jennifer danced _____ on stage. (beautiful)

22

다음 〈보기〉에서 알맞은 말을 골라 빈칸에 써 넣으시오.

〈보기〉	for	at	on	during

Sumi will travel to England 1) _____ summer
vacation. She will leave Seoul 2) _____ August
7 and fly 3) _____ 12 hours. She will arrive
4) _____ Heathrow Airport at 7 in the morning.

23 통합유형

다음 우리말과 일치하도록 주어진 말을 바르게 배열하여 문장을 완성하시오. (모든 단어를 쓸 필요 없음)

Dan은 가끔 그의 엄마와 테니스를 친다.
(sometimes, usually, the, mother, walk, tennis,
often, plays, with, father, never, his)

→ Dan _____. (6단어)

24

다음 우리말과 일치하도록 빈칸에 알맞은 말을 쓰시오.

그 주자는 한 잔의 물을 원했다.
→ The runner wanted _____ _____
   _____ _____.

25 기출응용 대구 OO중 1학년

나음 표를 보고 주어진 단어를 활용하여 빈칸에 알맞은 말을 쓰시오.

영화	상영시간	평점
Henry Potter	108 min.	★★
Mission Possible	120 min.	★★★★★
Z-Man	108 min.	★★★

1) *Henry Potter* got _____ _____ review
   of the three. (bad)

2) *Mission Possible* is _____ _____
   Z-Man. (long)

3) *Z-Man* is as _____ _____ *Henry
   Potter*. (long)

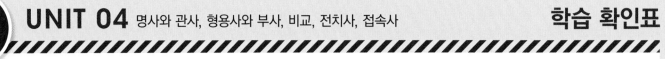

모의고사 1회		
번호	문항별 출제 포인트	O/X/△
1	명사의 복수형	
2	셀 수 없는 명사	
3	이유를 나타내는 종속접속사	
4	비교급 강조	
5	관사	
6	수량형용사	
7	비교	
8	부사의 형태	
9	이유를 나타내는 종속접속사	
10	비교	
11	시간, 장소를 나타내는 전치사	
12	등위접속사	
13	구 전치사	
14	빈도부사 / 수량형용사 / 형용사 / 최상급 비교	
15	명사절을 이끄는 종속접속사	
16	형용사와 부사	
17	수량형용사 / 빈도부사 / 전치사 / 물질명사의 수량 표현	
18	수량형용사 / 전치사 / 조건을 나타내는 부사절에서의 시제 / 최상급 비교 / 종속접속사	
19	셀 수 없는 명사 / 원급 비교 / 전치사 / 형용사	
20	항상 복수 취급하는 명사 / 부사의 형태 / 비교 / 조건을 나타내는 부사절에서의 시제	
21	시간을 나타내는 부사절에서의 시제	
22	형용사 / 빈도부사	
23	물질명사의 수량 표현 / 수량형용사	
24	최상급 비교 / 원급 비교	
25	관사	

모의고사 2회		
번호	문항별 출제 포인트	O/X/△
1	한 쌍을 이루는 명사의 수량 표현	
2	구 전치사	
3	물질명사의 수량 표현	
4	형용사와 부사	
5	이유, 조건을 나타내는 종속접속사	
6	관사 / 물질명사의 수량 표현	
7	형용사와 부사	
8	빈도부사	
9	최상급 비교	
10	원급 비교	
11	비교	
12	시간을 나타내는 전치사	
13	장소를 나타내는 전치사	
14	관사	
15	시간, 장소를 나타내는 전치사	
16	전치사 / 물질명사의 수량 표현 / 한 쌍을 이루는 명사의 수량 표현	
17	비교 / 전치사	
18	원급 비교 / 물질명사의 수량 표현 / 수량형용사 / 접속사	
19	빈도부사 / 접속사 / 부사의 형태	
20	명사의 복수형 / 부사의 형태 / 수량형용사	
21	등위접속사 / 부사의 형태	
22	시간, 장소를 나타내는 전치사	
23	빈도부사 / 관사를 쓰지 않는 경우	
24	물질명사의 수량 표현	
25	비교	

Well done is better than well said.

실천하는 것이 말보다 낫다.

- Benjamin Franklin -

UNIT 05

의문사, 명령문/감탄문/부가의문문, 문장의 형식

A 의문사

1 의문사의 종류

a who: 누구

> 의문사가 있는 의문문에는 Yes 또는 No로
> 대답하지 않고 구체적으로 답한다.

Who is that tall lady? – She is Tom's sister.

Who *plays* the guitar every night? 〈의문사 Who가 주어: 「의문사(주어) + 동사 ~?」〉

> 의문사가 주어로 쓰일 때는 3인칭 단수로 취급한다.

b what: 무엇, 무슨

What was your question?

What *subject* is your favorite?

> 명사 앞에 쓰일 때는 '무슨'이라는 뜻을 나타낸다.

c which: 어느 것, 어느[어떤]

Which is your car?

Which *color* does she like better, pink *or* purple?

> 명사 앞에 쓰일 때는 '어느'라는 뜻을 나타낸다.

> Which는 어떤 범위 내의
> 선택에 대해 물을 때 쓴다.

d when: 언제

When is your birthday?

When did you graduate from high school?

e where: 어디서, 어디에

Where are you from?

Where did you buy that nice jacket?

f why: 왜

Why is he so angry with you?

Why don't you take off your shoes?

> Why don't you + 동사원형~?: ~하는 것이 어때?
> Why don't we + 동사원형~?: (우리) ~하지 않을래?

g how: 어떤, 어떻게

How are you doing? (상태)

How do you get to work? (수단·방법)

의문사

'누가, 무엇을, 어떤, 언제, 어디서, 왜, 어떻게'와 같은 정보를 물을 때 쓰는 말로, 의문사로 시작하는 의문문은 「의문사 + 동사[be동사/do동사/조동사] + 주어 ~?」의 형태로 쓴다.

· 내신 빈출 문법

how + 형용사[부사]: 얼마나 ~한[하게]

how many + 셀 수 있는 명사 (수량)

how much + 셀 수 없는 명사 (수량)

how much (가격) / how old (나이)

how tall (키, 높이) / how far (거리)

how long (길이, 기간, 시간)

how often (빈도)

How long is her hair?

How long does it take to get to the mall?

B 명령문/감탄문/부가의문문

1 명령문

a 긍정 명령문(동사원형~): ~해라, ~하세요

Close the window.

> 문장의 앞이나 뒤에 'please'를 붙여
> 정중하게 표현할 수 있다.

Open the door, please.

b 부정 명령문(Don't + 동사원형~): ~하지 마라, ~하지 마세요

Don't be late for school.

Don't open the door.

c 명령문 + and ~: …해라, 그러면 ~할 것이다

명령문 + or ~: …해라, 그렇지 않으면 ~할 것이다

Exercise regularly, **and** you'll be healthier.

Eat something now, **or** you will be hungry later.

명령문

명령, 지시, 부탁, 권유 등을 나타내는 문장으로 보통 주어(You)를 생략하고 동사원형으로 시작한다.

d **Let's + 동사원형~:** (우리) ~하자 〈권유·제안〉

Let's order some Chinese food.
Let's not talk about the rumor.
> 부정형은 「Let's not + 동사원형~」으로
> '(우리) ~하지 말자'의 뜻이다.

2 감탄문

a **What으로 시작하는 감탄문:** What + a(n) + 형용사 + 명사 (+ 주어 + 동사)!

What a nice bike (it is)!
What cute children (they are)! [~~What a cute children (they are)!~~]
> 명사가 복수형이거나 셀 수 없는 명사이면
> 관사 a(n)를 쓰지 않는다.

b **How로 시작하는 감탄문:** How + 형용사/부사 (+ 주어 + 동사)!

How lovely (the dog is)!

3 부가의문문

1) 부가의문문은 「~, 동사 + 주어?」의 형태로 쓴다.
2) 긍정의 평서문 뒤에는 부정의 부가의문문을, 부정의 평서문 뒤에는 긍정의 부가의문문을 쓴다.
3) 평서문에 be동사·조동사가 쓰였으면 그대로 쓰고, 일반동사가 쓰였으면 do동사를 쓴다. 시제는 평서문의 시제와 일치시킨다. 부정의 부가의문문은 축약형으로 쓴다.
4) 평서문의 주어를 대명사로 바꾼다.
5) 부가의문문에 답할 때, 대답의 내용이 긍정이면 Yes를, 부정이면 No를 쓴다.

You *like* pizza, **don't you**? – Yes, I do. / No, I don't.
Lewis *isn't* from England, **is he**? – Yes, he is. / No, he isn't.
Wash your hands before lunch, **will you**?
Let's throw a birthday party for her, **shall we**?
> 명령문 뒤에는 will you?를, 「Let's + 동사원형~」
> 뒤에는 shall we?를 붙인다.

C 문장의 형식

1 감각동사 + 형용사 (2형식)
> 보어

---

feel + 형용사: ~하게 느끼다   look + 형용사: ~해 보이다
taste + 형용사: ~한 맛이 나다   sound + 형용사: ~하게 들리다
smell + 형용사: ~한 냄새가 나다

This popcorn **smells nice**. [~~This popcorn smells nicely.~~]
The baby **looks like** *an angel*.
> 감각동사 뒤에 명사(구)가 올 경우, 전치사
> like('~처럼, ~같이')와 함께 사용한다.
> 감각동사 뒤에 부사를
> 쓰지 않도록 유의한다.

2 목적어가 두 개 필요한 동사 (4형식)

a **수여동사 + 간접목적어 + 직접목적어:** 수여동사는 두 개의 목적어('~에게'에 해당하는 간접목적어와 '…을'에 해당하는 직접목적어)를 필요로 한다.

I *gave* **my girlfriend some flowers**.
간접목적어(~에게)   직접목적어(…을)

b **4형식 문장의 3형식 전환:** 「수여동사 + 간접목적어 + 직접목적어」는 「수여동사 + 직접목적어 + to/for/of + 간접목적어」로 바꿔 쓸 수 있다. give, send, show, teach, write, lend, bring 등의 대부분의 동사는 전치사 to를, make, cook, buy, get 등의 동사는 for를, ask는 of를 쓴다. (단, ask의 직접목적어가 favor, question인 경우에만 전치사 of를 쓴다.)

I *gave* my girlfriend some flowers. (4형식: 동사 + 간접목적어 + 직접목적어)

I *gave* some flowers **to** my girlfriend. (3형식: 동사 + 직접목적어 + **전치사** + 간접목적어)

감탄문
기쁨, 슬픔, 놀라움 등의 감정을 표현하는 문장으로 '참 ~하구나!'라는 의미이다.

부가의문문
평서문 뒤에 덧붙이는 의문문으로 상대방에게 동의를 구하거나 확인을 하기 위해 쓴다. '그렇지?', '그렇지 않니?'의 뜻이다.

· 내신 빈출 문법
문장의 형식
영어 문장은 동사 뒤에 어떤 성분이 쓰이냐에 따라 다섯 가지 형식으로 나눌 수 있다.
1형식: 주어 + 동사
2형식: 주어 + 동사 + 보어
3형식: 주어 + 동사 + 목적어
4형식: 주어 + 동사 + 간접목적어 + 직접목적어
5형식: 주어 + 동사 + 목적어 + 목적격보어

She sings well. (1형식)
You look nice. (2형식)
I want some cookies. (3형식)
Mom sent me a letter. (4형식)
We saw the dog wag its tail. (5형식)

감각동사
feel, look, taste, sound, smell과 같이 감각을 표현하는 동사로 이 동사들은 뒤에 보어로 형용사를 쓴다.

수여동사
'~에게 …을 (해)주다'의 의미를 지닌 동사를 수여동사라고 한다. give, buy, bring, send, show, write, cook 등이 있다.

She *bought* <u>her son</u> <u>a bicycle</u>. (4형식: 동사 + 간접목적어 + 직접목적어)

She *bought* <u>a bicycle</u> **for** <u>her son</u>. (3형식: 동사 + 직접목적어 + **전치사** + 간접목적어)

3 **목적격보어가 필요한 동사 (5형식)**

a **목적격보어로 명사나 형용사가 오는 경우:** find, keep, make, think, turn, call, name 등

I *named* **my cat <u>Snow</u>**. 〈명사〉
He *kept* **his hands <u>clean</u>**. 〈형용사〉

b **목적격보어로 to부정사가 오는 경우:** want, tell, order, ask, expect, advise, allow 등

Dad *told* **me to come** home early.
      ↳ 목적어와 목적격보어는 주어와 서술어의 관계이다.

c **목적격보어로 동사원형이 오는 경우:** '~하게 시키다, ~하게 하다'라는 의미의 have, make, let 등의 **사역동사**, see, watch, hear, feel처럼 감각기관을 통해 인지하는 **지각동사**

Mom *had* **me <u>wash</u>** the dishes.
We *saw* **the singer dance** on stage.
I *saw* **him running**. 지각동사의 목적격보어로 현재분사가 쓰이면 진행의 의미가 강조된다.
cf. Harry *helped* **me (to) lift** the box.
      ↳ help는 동사원형과 to부정사 모두를 목적격보어로 쓸 수 있다.

목적격보어
목적어의 성질·상태를 보충 설명하는 말이다. 명사(구), 형용사(구), to부정사(구), 동사원형 등이 목적격보어로 올 수 있다.

01

다음 문장의 빈칸에 들어갈 말로 알맞지 <u>않은</u> 것은?

> The newspaper article made Emily _____.

① cry
② happy
③ angry
④ to laugh
⑤ a hero

[02-03] 다음 주어진 우리말을 영어로 바르게 옮긴 것을 고르시오.

02

> 이 청바지는 정말 비싸구나!

① How expensive these jeans!
② How are expensive these jeans!
③ What expensive are these jeans!
④ What expensive jeans these are!
⑤ What an expensive jeans these are!

03

> 그가 너에게 자기 차를 사용하도록 허락했니?

① Did he allow you use his car?
② Did he allow to use you his car?
③ Did he allow you to use his car?
④ Did he allow you using his car?
⑤ Did he allow you to using his car?

04 통합유형

다음 빈칸에 공통으로 들어갈 말로 알맞은 것은?

> a. _____ often do you go to church?
> b. _____ beautiful the sunset is!

① Where
② Why
③ How
④ What
⑤ Who

05

다음 짝지어진 대화가 <u>어색한</u> 것은?

① A: Which do you want, beef or seafood?
　 B: I want seafood.
② A: Which team is your favorite?
　 B: I like the Giants the most.
③ A: Why don't we take a break?
　 B: Sure. Let's take a break for five minutes.
④ A: How long does it take to get to school?
　 B: I go to school by subway.
⑤ A: Who has brothers or sisters?
　 B: Kevin has a little sister.

06

다음 빈칸에 들어갈 말로 바르게 짝지어진 것은?

> a. His voice sounds _____.
> b. He _____ some roses to her.

① greatly – sent
② great – bought
③ great – sent
④ greatly – gave
⑤ greatly – bought

07 통합유형

다음 중 어법상 옳지 <u>않은</u> 것은?

① Where is he from?
② How brave the boy is!
③ What is your company's name?
④ What beautiful eyes she has!
⑤ How much islands are there in Korea?

08

다음 밑줄 친 부분이 어법상 옳지 <u>않은</u> 것을 모두 고르시오. (2개)

① Hailey is a singer, <u>doesn't she</u>?
② Let's take a walk, <u>do we</u>?
③ Your parents live here, <u>don't they</u>?
④ You can't sleep well at night, <u>can you</u>?
⑤ Alex will be home tomorrow, <u>won't he</u>?

09

다음 빈칸에 들어갈 질문으로 알맞은 것은?

Q: _____
A: I went there with Isabella.

① How long was the concert?
② Where did you go yesterday?
③ When did you go to the concert?
④ Who did you go to the concert with?
⑤ Why did you meet Isabella yesterday?

10

다음 대화의 빈칸에 들어갈 말로 바르게 짝지어진 것은?

A: _____ did you get this nice shirt?
B: I _____ it at ABC Shopping Mall.

① What – buy   ② What – bought
③ Why – bought   ④ Where – buy
⑤ Where – bought

11 기출응용 서울 00중 1학년

다음 빈칸에 들어갈 말로 가장 알맞은 것은?

_____, or you'll catch a cold.

① Turn off the light when you leave
② Wear a seat belt in the car
③ Dry your hair before you go out
④ Don't go out alone late at night
⑤ Keep this medicine in a cool, dry place

12 기출응용 서울 00중 1학년

다음 중 어법상 옳은 것을 모두 고르시오. (2개)

① How many legs does a spider have?
② Who does wants to eat a hamburger?
③ What you think about this hat?
④ When did the accident happened?
⑤ How often do you go fishing?

13 통합유형

다음 괄호 안에 들어갈 말로 바르게 짝지어진 것은?

(A) Which do you like better, golf [or / and] tennis?
(B) Hurry up, [or / and] you will be late for school.
(C) How [long / far] is it from here to your house?

	(A)	(B)	(C)
①	or	– or	– far
②	and	– or	– far
③	or	– and	– far
④	and	– and	– long
⑤	or	– and	– long

14

다음 중 빈칸에 to를 쓸 수 없는 것은?

① Josh wants me _____ visit him.
② Dad bought a new desk _____ me.
③ My mom told me _____ wear socks.
④ Joan lent some money _____ Rubén.
⑤ My boyfriend gave chocolate _____ me.

15

다음 빈칸에 many 또는 much를 쓸 때, 들어갈 말이 나머지와 다른 것은?

① How _____ time do we have?
② How _____ are these flowers?
③ How _____ money do they have?
④ How _____ hours do you sleep a day?
⑤ How _____ paper does he need now?

16 기출응용 서울 00중 1학년

다음 4형식 문장을 3형식 문장으로 바르게 옮기지 않은 것은?

① James sent me an email.
  → James sent an email to me.
② Eunbi made me some cookies.
  → Eunbi made some cookies for me.
③ Amy showed us her new wallet.
  → Amy showed her new wallet for us.
④ My grandparents gave me a present.
  → My grandparents gave a present to me.
⑤ Mom bought me a nice skirt.
  → Mom bought a nice skirt for me.

17

다음 밑줄 친 부분이 어법상 옳지 않은 것은?

① Dad had me clean my room.
② He found the movie amazingly.
③ You look tired. You should go to bed.
④ I want you to come to school on time.
⑤ My brother cooked spaghetti for me.

[18-19] 다음 중 밑줄 친 부분을 바르게 고치지 않은 것을 고르시오.

18 통합유형

① Not worry too much.
  → Don't worry
② Do wake me up at 7, please.
  → Wake
③ Let's going on a picnic tomorrow.
      → to go
④ The movie was boring, didn't it?
        → wasn't it
⑤ Lee's Bakery isn't open on Mondays, isn't it?
          → is it

19 통합유형

① This onion soup smells nicely.
          → nice
② How much chairs do you need?
      → many
③ Your new shoes look comfort.
          → comfortably
④ What bag is yours, the yellow one or the green one?
  → Which
⑤ This toothpaste tastes strawberries.
          → tastes like

20

다음 중 어법상 옳은 것끼리 바르게 짝지어진 것은?

a. Dad made a sandwich for me.
b. Paul brought a gift me.
c. John helped me making dinner.
d. They offered me some food.

① a, b ② a, d ③ b, c
④ b, d ⑤ c, d

서 · 술 · 형

21

다음 빈칸에 알맞은 말을 써서 대화를 완성하시오.

1) A: _____ _____ is your grandmother?
   B: She is 90 years old.

2) A: _____ _____ will you stay in
      Canada?
   B: I will stay there for three weeks.

3) A: _____ _____ do you see your
      girlfriend?
   B: I see her twice a week.

22

다음 우리말과 일치하도록 주어진 단어를 바르게 배열하여 문장을
완성하시오.

1) 넌 참 다정하구나!
   (sweet, are, how, you)
   → _____

2) 너는 참 좋은 차를 가지고 있구나!
   (a, car, you, nice, have, what)
   → _____

3) 그의 새 책은 참 흥미롭구나!
   (is, new, how, his, book, interesting)
   → _____

23

기출응용 서울 00중 1학년

다음 우리말과 일치하도록 주어진 단어를 활용하여 문장을 완성하
시오.

Kevin은 나에게 사진 한 장을 보냈다. (picture)

1) 〈4형식 문장〉
   → _____

2) 〈3형식 문장〉
   → _____

24

다음 우리말과 일치하도록 주어진 단어를 활용하여 빈칸에 알맞은
말을 쓰시오.

We should be careful with our words. 1) 너의
친구들에게 좋은 말을 해라, 그러면 너는 그들을 행복하게
만들 것이다. 2) 너의 친구들에게 나쁜 말을 하지 마라,
그렇지 않으면 너는 그들을 잃을 것이다.

1) _____ nice things to your friends, _____
   you'll make them happy. (say)

2) _____ _____ mean things to your
   friends, _____ you'll lose them. (say)

25

다음 중 어법상 옳지 않은 것을 모두 찾아 바르게 고치시오. (2개)

A: You look sadly. What's the problem?
B: My friend is angry at me.
A: Why don't you send a letter for him?
B: That sounds great! Thank you!

01

다음 질문에 대한 대답으로 알맞은 것은?

> Q: How long did you sleep last night?
> A: _____

① I was very tired.
② I slept very well.
③ I slept in my bed.
④ I slept for eight hours.
⑤ I slept late this morning.

02

다음 빈칸에 들어갈 말로 알맞지 <u>않은</u> 것은?

> Tommy looks _____ with his new glasses.

① good   ② strange
③ smart   ④ nice
⑤ differently

03

다음 우리말을 영어로 바르게 옮기지 <u>않은</u> 것은?

① 이 다리는 얼마나 높은가요?
   → How tall is this bridge?
② 누가 너에게 이 꽃들을 주었니?
   → Who gave you these flowers?
③ 너는 이 케이크를 어떻게 만들었니?
   → How did you make this cake?
④ 너는 고양이와 개 중 어느 것을 선호하니?
   → What do you prefer, cats or dogs?
⑤ 우리 내일 축구를 하는 게 어때?
   → Why don't we play soccer tomorrow?

04 기출응용 서울 00중 1학년

다음 중 문장의 형식이 나머지와 <u>다른</u> 것은?

① My brother sometimes makes me angry.
② I will expect to hear from you soon.
③ They asked me to bring some food.
④ I told him to lock the door.
⑤ Susan let me use her laptop.

05 기출응용 수원 00중 1학년

다음 중 의도하는 바가 나머지와 <u>다른</u> 것은?

① Go to the supermarket.
② Let's go to the supermarket.
③ Shall we go to the supermarket?
④ Why don't we go to the supermarket?
⑤ How about going to the supermarket together?

06

다음 중 어법상 옳지 <u>않은</u> 것은?

① How tall is Jason?
② Who knows the answer?
③ When does the concert start?
④ What do you think about this painting?
⑤ How many water do you drink a day?

07

> a. I helped her _____ the boxes.
> b. I will get a chair _____ you.

① move — by
② moving — to
③ moving — for
④ move — for
⑤ to moving — to

08 기출응용 부산 00중 1학년

> a. Keep your hands _____.
> b. Mom didn't allow me _____ out.

① warm — go
② warmly — to go
③ warm — to go
④ warmly — go
⑤ warm — going

09 기출응용 서울 00중 1학년

> a. Dad made some sandwiches _____ us.
> b. Henry lent his basketball shoes _____ me yesterday.

① to — for   ② for — of
③ for — to   ④ of — to
⑤ of — for

10

① You are Jake's cousin, _____ you?
② They are in the same class, _____ they?
③ James and Jessica are dating, _____ they?
④ They went back to China, _____ they?
⑤ You and Carlos are from Spain, _____ you?

11

① _____ cute this kitten is!
② _____ a great cook he is!
③ _____ pretty gloves they are!
④ _____ an exciting game it is!
⑤ _____ a handsome man he is!

12

① I made a doghouse _____ my dog.
② She didn't tell her name _____ us.
③ I gave my jeans _____ my brother.
④ Holden sent flowers _____ his wife.
⑤ He will show his painting _____ me.

13

다음 중 어법상 옳지 않은 것을 모두 고르시오. (2개)

① You need money, is you?
② Open the window, will you?
③ Norah is a great singer, isn't she?
④ Jimmy is taller than you, aren't you?
⑤ The children are playing in the playground, aren't they?

14 기출응용 수원 00중 1학년

다음 중 문장의 형식이 옳지 <u>않은</u> 것은?

① You look sad today. 〈2형식〉
② Dad made me a nice chair. 〈5형식〉
③ Lauren sent me a package. 〈4형식〉
④ Please give your photo to me. 〈3형식〉
⑤ They didn't allow me to take pictures. 〈5형식〉

15 기출응용 서울 00중 1학년

다음 빈칸에 들어갈 말로 알맞지 <u>않은</u> 것은?

> a. Will you help me ___①___ the dishes?
> b. She wants me ___②___ a scarf.
> c. This pillow feels very ___③___ .
> d. Would you lend some money ___④___ me?
> e. Kathy made her son ___⑤___ a mask.

① do
② to buy
③ soft
④ to
⑤ to wear

16 통합유형

다음 밑줄 친 부분이 어법상 옳지 <u>않은</u> 것을 모두 고르시오. (2개)

① <u>Which</u> book did you read?
② It is cold outside. <u>Let's not</u> go out.
③ <u>What time</u> does the post office close?
④ Refrigerators keep food <u>freshly</u>.
⑤ John offered two concert tickets <u>for</u> the couple.

17 통합유형

다음 밑줄 친 부분 중 어법상 옳은 것은?

① <u>Make not</u> a mistake.
② Who <u>teaches</u> you Chinese?
③ My parents expect me <u>be</u> a teacher.
④ <u>How far</u> does it take to get to your school?
⑤ Sora and Timmy will go to Hawaii, <u>are they</u>?

18 통합유형

다음 중 어법상 옳은 것끼리 바르게 짝지어진 것은?

> a. This coffee tastes bitter.
> b. Who do your laundry?
> c. Daisy will cook a meal for us.
> d. I'll have Jessie to bring her book.
> e. He wrote a letter of his girlfriend.

① a, b
② a, c
③ b, c
④ c, d
⑤ d, e

[19-20] 다음 괄호 안에 들어갈 말로 바르게 짝지어진 것을 고르시오.

19 통합유형

> (A) [Let's not / Not let's] give up so easily. We can do it.
> (B) Let's go to the beach tonight, [do / shall] we?
> (C) My parents don't let me [watch / to watch] TV after 9 p.m.

	(A)	(B)	(C)
①	Let's not	do	watch
②	Let's not	shall	watch
③	Let's not	shall	to watch
④	Not let's	shall	to watch
⑤	Not let's	do	watch

20 통합유형

My brother and I found a family of cats in the garden. My brother said, "(A) [How / What] cute cats they are!" The little kittens (B) [looked / looked like] their mom. I wanted to keep them warm. So I asked my brother (C) [bring / to bring] a blanket. We will take care of them from now on.

	(A)	(B)	(C)
①	How	– looked	– bring
②	How	– looked like	– bring
③	What	– looked	– to bring
④	What	– looked like	– bring
⑤	What	– looked like	– to bring

서·술·형

21

다음 괄호 안의 지시에 따라 문장을 바꿔 쓰시오.

1) Tell him the truth. 〈부정 명령문〉

   → _____

2) She is a really wise girl. 〈What으로 시작하는 감탄문〉

   → _____

22 기출응용 대구 00중 1학년

다음 두 문장이 같은 뜻이 되도록 문장을 완성하시오.

1) Can you give us some examples?

   → Can you give _____?

2) My grandmother made a chocolate cake for me on my birthday.

   → My grandmother made _____ on my birthday.

23

다음 그림과 일치하도록 문장을 완성하시오.

1) I _____ _____ a card.

2) Josh _____ a gift _____ Kate.

3) Kate _____ a photo _____ Boram.

4) Boram _____ a shirt _____ _____.

24

다음 우리말과 일치하도록 빈칸에 알맞은 말을 써서 문장을 완성하시오.

A: 1) 우리 수지를 위해서 생일 파티를 열자.
B: That sounds great.
A: 2) 그녀는 14살이 될 예정이네, 그렇지 않니?
B: 3) 응, 그래.

1) _____ throw a birthday party for Suji.

2) She is going to turn 14, _____ _____?

3) _____, _____ _____.

25

다음 문장에서 어법상 옳지 않은 부분을 찾아 바르게 고치시오.

1) This silk blouse feels so softly.

2) What a colorful socks they are!

UNIT 05 의문사, 명령문/감탄문/부가의문문, 문장의 형식

번호	모의고사 1회 문항별 출제 포인트	O/X/△
1	목적격보어가 필요한 동사 (5형식)	
2	감탄문	
3	목적격보어가 필요한 동사 (5형식)	
4	how + 형용사[부사] / 감탄문	
5	의문사	
6	감각동사 + 형용사 (2형식) / 4형식 문장의 3형식 전환	
7	의문사 / 감탄문	
8	부가의문문	
9	의문사	
10	의문사	
11	명령문	
12	의문사	
13	의문사 / 명령문	
14	목적격보어가 필요한 동사 (5형식) / 4형식 문장의 3형식 전환	
15	how + 형용사[부사]	
16	4형식 문장의 3형식 전환	
17	문장의 형식	
18	명령문 / 부가의문문	
19	감각동사 + 형용사 (2형식) / 의문사	
20	문장의 형식	
21	how + 형용사[부사]	
22	감탄문	
23	문장의 형식	
24	명령문	
25	문장의 형식	

번호	모의고사 2회 문항별 출제 포인트	O/X/△
1	how + 형용사[부사]	
2	감각동사 + 형용사 (2형식)	
3	의문사	
4	문장의 형식	
5	명령문	
6	의문사	
7	목적격보어가 필요한 동사 (5형식) / 4형식 문장의 3형식 전환	
8	목적격보어가 필요한 동사 (5형식)	
9	4형식 문장의 3형식 전환	
10	부가의문문	
11	감탄문	
12	4형식 문장의 3형식 전환	
13	부가의문문	
14	문장의 형식	
15	문장의 형식	
16	의문사 / 명령문 / 문장의 형식	
17	명령문 / 의문사 / 목적격보어가 필요한 동사 (5형식) / 부가의문문	
18	문장의 형식 / 의문사	
19	명령문 / 부가의문문 / 목적격보어가 필요한 동사 (5형식)	
20	감탄문 / 문장의 형식	
21	명령문 / 감탄문	
22	4형식 문장의 3형식 전환	
23	4형식 문장의 3형식 전환	
24	명령문 / 부가의문문	
25	감각동사 + 형용사 (2형식) / 감탄문	

Hope is necessary in every condition.

희망은 어떤 상황에서도 필요하다.

- Samuel Johnson -

누적 총정리
모의고사

누적 총정리
모의고사 1회

누적 총정리
모의고사 2회

누적 총정리
모의고사 3회

누적 총정리
모의고사 4회

누적 총정리
모의고사 5회

01

다음 빈칸에 들어갈 말로 알맞지 <u>않은</u> 것은?

Your new jacket looks _____.

① nice   ② warm
③ expensive   ④ comfortable
⑤ wonderfully

02

다음 대화의 빈칸에 들어갈 말로 알맞은 것은?

A: Are you busy now?
B: Why?
A: I have something _____ you.

① tell   ② told
③ to tell   ④ telling
⑤ to telling

03

다음 밑줄 친 부분의 쓰임이 나머지와 <u>다른</u> 것은?

① Is <u>it</u> your book?
② <u>It</u>'s my new computer.
③ Where did you find <u>it</u>?
④ Go to bed. <u>It</u>'s almost midnight.
⑤ Look at that cat! <u>It</u> has yellow eyes!

04 기출응용 천안 00중 1학년

다음 짝지어진 대화가 <u>어색한</u> 것을 모두 고르시오. (2개)

① A: May I ask you a favor?
  B: Yes, you may.
② A: Can she speak Russian?
  B: No, she won't.
③ A: Should I arrive there before 7 p.m.?
  B: Yes, you should.
④ A: Will you come to my house for dinner?
  B: Yes, I won't
⑤ A: Do I have to wait here?
  B: Yes, you do.

05

다음 중 어법상 옳지 <u>않은</u> 것을 모두 고르시오. (2개)

① What he did say?
② How long does it take?
③ Why did you lied to me?
④ Where do you want to go?
⑤ When does the concert begin?

06

다음 주어진 문장의 밑줄 친 부분과 쓰임이 같은 것은?

My hobby is <u>baking</u> cookies.

① I like <u>listening</u> to music.
② <u>Playing</u> golf with my father is fun.
③ His job is <u>repairing</u> old paintings.
④ She enjoyed <u>watching</u> the comedy show.
⑤ How about <u>walking</u> together after dinner?

07 [통합유형]

다음 밑줄 친 부분 중 어법상 옳지 않은 것은?

① Being a parent <u>are</u> not easy.
② <u>It</u> was nice to meet her family.
③ What beautiful dancers <u>they are</u>!
④ There <u>are</u> three cups of coffee on the table.
⑤ My phone is old. <u>Hers</u> is not as old as mine.

08

다음 중 어법상 옳은 문장의 개수는?

a. Don't forget to wash your hands before eating.
b. I hate clean my room.
c. I avoid eating fast food.
d. The team expects winning.
e. She wants to be a fashion designer.
f. Kate gave up to exercise every morning.

① 1개   ② 2개   ③ 3개   ④ 4개   ⑤ 5개

[09-10] 다음 빈칸에 공통으로 들어갈 말로 알맞은 것을 고르시오.

09 [기출응용] 대구 00중 1학년

a. I hope to go to _____ moon in the future.
b. He played _____ guitar on the street.

① a   ② an   ③ the
④ than   ⑤ that

10 [통합유형]

a. _____ old is your younger sister?
b. _____ smart he is!

① When   ② What   ③ How
④ Why   ⑤ Where

[11-12] 다음 괄호 안에 들어갈 말로 바르게 짝지어진 것을 고르시오.

11 [통합유형]

(A) I feel tired [late / lately].
(B) Your plan sounds [great / greatly].
(C) She can jump as [high / higher] as I can.

	(A)	(B)	(C)
①	late	– great	– high
②	late	– greatly	– higher
③	lately	– great	– high
④	lately	– great	– higher
⑤	lately	– greatly	– higher

12 [통합유형]

(A) He believes [it / that] we can win.
(B) Exercise regularly, [and / or] you will be healthy.
(C) Tim learned taekwondo [during / while] he was in Korea.

	(A)	(B)	(C)
①	it	– and	– during
②	it	– or	– while
③	that	– and	– during
④	that	– and	– while
⑤	that	– or	– during

13 [기출응용] 부산 00중 1학년

다음 빈칸에 들어갈 질문으로 알맞은 것은?

Q: _____
A: I will stay home with my family.

① What did you do yesterday?
② What do you do with your family?
③ When will you go home?
④ What will you do on Saturday?
⑤ Who are you going to meet tomorrow?

14 기출응용 익산 00중 1학년

다음 빈칸에 **many** 또는 **much**를 쓸 때, 들어갈 말이 나머지와 <u>다른</u> 것은?

① I didn't have _____ fun.
② How _____ money do you have?
③ We don't have _____ time to talk.
④ You put too _____ salt in the soup.
⑤ They have _____ problems to deal with.

15

다음 주어진 우리말을 영어로 바르게 옮긴 것은?

> A: I called you around 9 p.m. but you didn't answer.
> B: 나는 극장에서 영화를 보고 있었어.

① I watch a movie at the theater.
② I watched a movie at the theater.
③ I will watch a movie at the theater.
④ I was watching a movie at the theater.
⑤ I am watching a movie at the theater.

16 통합유형 기출응용 서울 00중 1학년

다음 밑줄 친 부분의 쓰임이 나머지와 <u>다른</u> 것을 고르시오.

① I love <u>cooking</u> pasta.
② How about <u>going</u> camping this weekend?
③ He finally finished <u>cleaning</u> the house.
④ One of my bad habits is <u>eating</u> meals too fast.
⑤ The kids are <u>playing</u> online games now.

17

다음 중 어법상 옳은 것은?

① They sent to me some flowers.
② You should write a letter of her.
③ I will give a pair of gloves for her.
④ Will you show your new shoes me?
⑤ I taught my sister Korean history.

[18-19] 다음 중 빈칸에 들어갈 말이 나머지와 <u>다른</u> 것을 고르시오.

18 통합유형

① You like sushi, _____ you?
② You _____ live here, do you?
③ I _____ want any cake. I'm on a diet.
④ He _____ busy now. He's just watching TV.
⑤ _____ open the window. It's raining outside.

19 통합유형

① Can I sit next _____ you?
② I gave my umbrella _____ her.
③ The hospital is in front _____ the station.
④ Jemma is going _____ call him tomorrow.
⑤ They went to the stadium _____ watch the game.

20

다음 주어진 문장과 형식이 같은 것을 모두 고르시오. (2개)

> My mother calls me "Pumpkin."

① Sam gave me a ring.
② He looks very tired.
③ I made him join the club.
④ I don't want to go to bed.
⑤ She allowed me to use her computer.

서 · 술 · 형

21

다음 우리말과 일치하도록 빈칸에 알맞은 말을 쓰시오.

1) 너는 곧 나를 방문할 거야, 그렇지 않니?
   → You will visit me soon, _____ _____?

2) 그것은 정말 멋진 노래구나!
   → _____ _____ amazing song it is!

---

22 기출응용 익산 00중 1학년

다음 문장을 〈예시〉와 같이 괄호 안의 지시대로 알맞게 바꿔 쓰시오.

> 〈예시〉 It is cold today. 〈의문문〉
>   → Is it cold today?

1) She was as beautiful as her sister. 〈부정문〉
   → _____

2) He was able to lift 50 kg. 〈의문문〉
   → _____

3) Jamie was watching TV at that time. 〈의문문〉
   → _____

---

23 기출응용 부산 00중 1학년

다음 〈조건〉에 맞게 우리말을 영어로 바르게 옮기시오.

> 〈조건〉
> · 우리말 시제에 유의할 것
> · 괄호 안에 주어진 단어를 활용할 것

1) 그들은 다음 주에 회의에 참석하지 않을 예정이다.
   → They _____ _____ _____

   _____ _____ _____ _____
   next week. (going, attend the meeting)

2) 네가 전화했을 때 우리는 영화를 보고 있었다.
   → We _____ _____ _____

   _____ when you called. (watch a movie)

24

다음 빈칸에 공통으로 들어갈 말을 한 단어로 쓰시오.

> a. You look _____ a movie star.
> b. I don't feel _____ eating now. I'm not hungry.

25

다음 문장이 어법상 옳으면 O, 틀리면 X 표시하고 바르게 고치시오.

1) I need a hat to wear. (   )

2) What a beautiful horse it is! (   )

3) Emma studies really hardly lately. (   )

4) There isn't enough tables in the hall. (   )

01 통합유형 기출응용 서울 00중 1학년

다음 중 어법상 옳은 것은?

① You don't like chicken, don't you?
② Who ate my sandwich?
③ His goal was amazing, wasn't he?
④ Is Sam and Rosa your coworkers?
⑤ When do the restaurant open?

[02-03] 다음 밑줄 친 부분의 쓰임이 나머지와 다른 것을 고르시오.

02 기출응용 서울 00중 1학년

① I need something to drink.
② You have to work out to be healthy.
③ I'm scared to take the exam.
④ The girl grew up to be a famous author.
⑤ I want to go to Paris to see the Eiffel Tower.

03

① I don't believe his story.
② This camera must be his.
③ His novel is really famous.
④ Don't tell his secret to anyone.
⑤ His clothes are very expensive.

[04-05] 다음 빈칸에 들어갈 말이 나머지와 다른 것을 고르시오.

04 통합유형

① What _____ he do last Sunday?
② What will you _____ this evening?
③ _____ he attend the last meeting?
④ You didn't hear the news, _____ you?
⑤ They _____ not know my name, did they?

05 통합유형

① What _____ lovely day it is!
② I take cello lessons twice _____ week.
③ Can you give me _____ cup of water?
④ I usually buy things on _____ Internet.
⑤ I need _____ tomato to make an omelet.

06

다음 밑줄 친 부분의 의미가 나머지와 다른 것은?

① The story must be true.
② You must hand in your report on time.
③ You worked late last night. You must be tired.
④ Tim solved this question. He must be a genius.
⑤ She always eats candy. She must love sweet things.

[07-08] 다음 빈칸에 공통으로 들어갈 말로 알맞은 것을 고르시오.

07

a. We don't know _____ to ask.
b. Jeremy, _____ is that boy with your sister?

① where   ② how   ③ why
④ what   ⑤ who

08

a. Don't use your cell phone _____ the theater.
b. The new semester begins _____ March.

① to   ② on   ③ in
④ of   ⑤ at

09 기출응용 서울 00중 1학년

다음 중 어법상 옳은 문장의 개수는?

a. They was kind and friendly.
b. There is an orange in the box.
c. There is some mice in the basement.
d. I amn't good at playing soccer.

① 0개   ② 1개   ③ 2개   ④ 3개   ⑤ 4개

10

다음 괄호 안에 들어갈 말로 바르게 짝지어진 것은?

(A) They worked really [hard / hardly].
(B) I could [hard / hardly] hear the teacher's voice.
(C) This chair is too [hard / hardly] to sit on.

	(A)	(B)	(C)
①	hard	hard	hard
②	hard	hardly	hard
③	hard	hardly	hardly
④	hardly	hard	hardly
⑤	hardly	hardly	hard

11 통합유형 기출응용 서울 00중 1학년

다음 주어진 문장의 밑줄 친 부분과 쓰임이 다른 것은?

I enjoy swimming in the pool.

① I felt like crying.
② Are they waiting outside?
③ Please stop arguing with each other.
④ Watching the shooting stars was great.
⑤ His job is teaching middle school students.

12 통합유형

다음 빈칸에 들어갈 말로 바르게 짝지어진 것은?

a. She found this book _____ .
b. It's Saturday. I will do _____ .

① difficult   –   fun something
② difficult   –   something fun
③ difficultly   –   something fun
④ difficultly   –   fun something
⑤ difficulty   –   fun something

13

다음 그림의 상황을 보고 남자가 할 말을 바르게 나타낸 것은?

① You can take photos here.
② You may take photos here.
③ You should take photos here.
④ You must not take photos here.
⑤ You don't have to take photos here.

14 통합유형

다음 짝지어진 대화가 어색한 것은?

① A: Is he studying now?
   B: No, he isn't.
② A: Did you make a reservation, sir?
   B: No, I didn't.
③ A: Do you have any questions?
   B: Yes, I do.
④ A: Are you faster than him?
   B: Yes, you are.
⑤ A: Is she going to meet him?
   B: No, she isn't.

15

다음 중 문장의 형식이 나머지와 다른 것은?

① Do you recognize me?
② I will introduce my family to you.
③ Austin sent his parents some flowers.
④ Who gave this chocolate to you?
⑤ You should bring a sleeping bag tonight.

16

다음 중 어법상 옳지 않은 것은?

① He was busy yesterday.
② I am doing my homework now.
③ They are having three computers.
④ Did you go to the movie last week?
⑤ She was eating lunch at 2 p.m.

17 통합유형

다음 중 어법상 틀린 문장을 바르게 고치지 않은 것은?

① I is not good at singing.
   → I am not good at singing.
② This is January 1 today.
   → It is January 1 today.
③ We decided buying a new sofa.
   → We decided buy a new sofa.
④ The baby will can walk soon.
   → The baby will be able to walk soon.
⑤ There are three womans on the street.
   → There are three women on the street.

18 통합유형

다음 밑줄 친 부분이 어법상 옳지 않은 것은?

① He is interested in baking bread.
② The movie is about traveling in space.
③ The noisy music kept me from to sleep.
④ It was interesting to learn Chinese history.
⑤ Mr. Ferraro will explain what to do.

19 통합유형

다음 표와 일치하도록 빈칸에 들어갈 말로 바르지 않은 것은?

Today's Schedule	
Time	Things to do
3 p.m. – 5 p.m.	Watch a movie
?	Play baseball with friends

Q: ___①___ are you going to watch a movie?
A: I ___②___ start watching a movie ___③___ 3 p.m.
Q: ___④___ are you going to do with your friends?
A: I will play baseball. But I ___⑤___ know when
   we will play.

① When   ② will   ③ at
④ Where   ⑤ don't

20 통합유형

다음 중 우리말 해석이 옳지 <u>않은</u> 것을 모두 고르시오. (2개)

① There were two trees in the park.
→ 거기에는 두 그루의 나무가 공원에 있었다.
② Now I remember sending him an email.
→ 이제 나는 그에게 이메일을 보내야 할 것을 기억한다.
③ Hurry up, or you'll miss the train.
→ 서두르지 않으면 당신은 열차를 놓칠 거예요.
④ Let's not go out now. It's late.
→ 지금 나가지 말자. 늦었어.
⑤ David is much more handsome than me.
→ David는 나보다 훨씬 더 잘생겼다.

서 · 술 · 형

21

다음 빈칸에 공통으로 들어갈 말을 한 단어로 쓰시오.

a. Buy two books, _____ you will get a free gift.
b. I need some flour, eggs, _____ butter to make bread.

22 통합유형

다음 우리말과 일치하도록 주어진 말을 활용하여 문장을 완성하시오.

호수 근처에 벤치가 하나 있었다. 나는 그 벤치에 앉아있는 동안 책 읽는 것을 즐겼다.
(there, be, enjoy, read, sit on)

→ 1) _____ _____ a bench near the lake.
I 2) _____ _____ books while I was
3) _____ _____ the bench.

23 통합유형

다음 그림을 보고 주어진 단어를 활용하여 대화를 완성하시오.

남동생   나

A: You are 1) _____ (tall) than your brother, 2) _____ (be) you?
B: Yes, I 3) _____ (be).

24

다음 〈예시〉와 같이 주어진 문장의 밑줄 친 부분을 묻는 의문문을 완성하시오.

〈예시〉 I cooked <u>chicken soup</u> for my mother.
→ <u>What did you cook</u> for your mother?

1) I met my husband <u>in 2013</u>.
→ _____ your husband?
2) There are <u>200 seats</u> in the concert hall.
→ _____ in the concert hall?

25 통합유형 기출응용 서울 00중 1학년

다음 중 어법상 옳지 <u>않은</u> 것을 모두 찾아 바르게 고치시오.

a. What a kind people they are!
b. Debby's hair is as long as mine.
c. This is the worst than I expected.
d. I need two slices of cheese.

시험일 　월　　일　 소요시간　　분　 채점　　/25개

[01-02] 다음 빈칸에 공통으로 들어갈 말로 알맞은 것을 고르시오.

01 기출응용 부산 00중 1학년

a. I _____ speak any foreign languages.
b. I'm sorry, but you _____ stay here.

① may
② must
③ can't
④ will
⑤ has to

02 통합유형 기출응용 울산 00중 1학년

a. _____ will you finish your homework?
b. Be careful _____ you go down the stairs.

① What[what]
② When[when]
③ How[how]
④ Because[because]
⑤ So[so]

[03-04] 다음 빈칸에 들어갈 말로 알맞은 것을 고르시오.

03

You fixed this copy machine, _____?

① are you
② aren't you
③ don't you
④ did you
⑤ didn't you

04

We cannot help _____ this child.

① love
② loves
③ to love
④ loving
⑤ loved

[05-06] 다음 밑줄 친 부분의 쓰임이 나머지와 <u>다른</u> 것을 고르시오.

05

① <u>It</u> is very dark here.
② <u>It</u>'s 31 degrees now.
③ <u>It</u> is July 11 today.
④ <u>It</u> will be windy tomorrow.
⑤ <u>It</u> is an interesting book to read.

06

① Paris is a beautiful city <u>to visit</u>.
② I drank strong coffee <u>to stay</u> awake.
③ John got up early <u>to see</u> the sunrise.
④ Hana went to the bookstore <u>to buy</u> a magazine.
⑤ I called the hospital <u>to change</u> the appointment.

07 통합유형 기출응용 대구 00중 1학년

다음 빈칸에 들어갈 말이 나머지와 <u>다른</u> 것은?

① What _____ you do last weekend?
② When _____ they last meet Jay?
③ Where _____ you go on your vacation last year?
④ Why _____ you late for class yesterday?
⑤ Why _____ he call me last night?

08 기출응용 부산 00중 1학년

다음 밑줄 친 that 중 생략할 수 있는 것은?

① Can I see that blue shirt?
② That is Timothy over there.
③ That book on the desk is mine.
④ We knew that you would win the game.
⑤ She is living in that apartment.

09

다음 괄호 안에 들어갈 말로 바르게 짝지어진 것은?

(A) Valentine's Day is [in / on] February.
(B) The TV show starts [at / in] noon every day.
(C) People give candy to children [on / at] Halloween.

	(A)		(B)		(C)
①	in	–	at	–	on
②	in	–	in	–	on
③	in	–	at	–	at
④	on	–	at	–	at
⑤	on	–	in	–	at

[10-11] 다음 주어진 우리말을 영어로 바르게 옮긴 것을 고르시오.

10 통합유형

아빠는 가구 두 점을 옮기셔야 했다.

① Dad had to move two furniture.
② Dad has to move two furnitures.
③ Dad have to move two pieces of furniture.
④ Dad had to move two pieces of furniture.
⑤ Dad had to move two pieces of furnitures.

11

그 영화는 그 소설보다 훨씬 더 재미있다.

① The movie is fun than the novel.
② The movie is more fun than the novel.
③ The movie is the most fun than the novel.
④ The movie is more much fun than the novel.
⑤ The movie is a lot more fun than the novel.

12 통합유형

다음 중 어법상 옳지 않은 것끼리 바르게 짝지어진 것은?

a. I'd like to have cold something.
b. Her legs are longer than my legs.
c. I goed to the hospital last night.
d. He read comic books yesterday.

① a, b   ② a, c   ③ b, c
④ b, d   ⑤ c, d

13 통합유형

다음 중 우리말 해석이 옳지 않은 것은?

① You don't have to wait for me.
  → 너는 나를 기다려서는 안돼.
② Let's not argue about it now.
  → 지금 그것에 대해 논쟁하지 말자.
③ Few people know Mr. Smith's face.
  → Smith 씨의 얼굴을 아는 사람은 거의 없다.
④ Don't play with fire, or you will get hurt!
  → 불을 가지고 놀지마, 아니면 너는 다칠 거야!
⑤ Why don't we throw a surprise party for Gary?
  → 우리 Gary를 위한 깜짝 파티를 여는 게 어때?

14

다음 표의 내용과 일치하지 <u>않는</u> 것은?

Menu				
Soup	Nachos	Spaghetti	Salad	Pizza
$3	$3	$8	$5	$10

① Soup is as cheap as nachos.
② Nachos are cheaper than spaghetti.
③ Spaghetti is not as cheap as pizza.
④ Salad is more expensive than nachos.
⑤ Pizza is the most expensive item on the menu.

15 통합유형

다음 빈칸에 들어갈 말로 바르게 짝지어진 것은?

> a. Mom finished _____ the kitchen.
> b. We decided _____ to Rome for the holidays.

① clean   –   go
② cleaning   –   to go
③ cleaning   –   going
④ to clean   –   going
⑤ to clean   –   to go

16 통합유형

다음 밑줄 친 부분이 어법상 옳은 것은?

① This cake smells <u>nicely</u>.
② My sister has <u>much</u> friends.
③ Drinking enough water <u>are</u> important.
④ I <u>am wanting</u> to go to Thailand.
⑤ If it <u>rains</u>, we won't go on a picnic tomorrow.

17

다음 4형식 문장을 3형식 문장으로 바르게 옮기지 <u>않은</u> 것은?

① My aunt bought me a new backpack.
  → My aunt bought a new backpack for me.
② She showed us some pictures of her child.
  → She showed some pictures of her child for us.
③ Brian brought his colleagues some doughnuts.
  → Brian brought some doughnuts to his colleagues.
④ Ms. Carson teaches middle school students science.
  → Ms. Carson teaches science to middle school students.
⑤ She made me a bowl of soup.
  → She made a bowl of soup for me.

18 통합유형

다음 밑줄 친 부분이 어법상 옳지 <u>않은</u> 것을 모두 고르시오. (2개)

① The chef has three <u>knives</u>.
② I saw many <u>sheeps</u> on the hill.
③ I <u>wasn't able</u> to lift the box.
④ Madrid <u>is</u> the capital of Spain.
⑤ She made me <u>to wait</u> for three hours.

19 통합유형

다음 중 어법상 옳은 문장의 개수는?

> a. How strong the wind is!
> b. My father had me read the book.
> c. I don't want this holiday to end.
> d. She was busy yesterday, is she?
> e. We will be able meet him tomorrow.

① 1개   ② 2개   ③ 3개   ④ 4개   ⑤ 5개

20 [기출응용] 울산 OO중 1학년

다음 표를 보고 어법상 알맞지 <u>않은</u> 것을 모두 고르시오. (2개)

Jisu의 가족 구성원	Jisu가 가족들에게 한 일
Grandpa	write a card
Grandma	make a hairpin
Mom	buy a scarf
Dad	cook *bibimbap*
Brother	teach science

① Jisu wrote a card to her grandpa.
② Jisu made a hairpin to her grandma.
③ Jisu bought a scarf for her mom.
④ Jisu cooked her dad *bibimbap*.
⑤ Jisu taught science of her brother.

서 · 술 · 형

21

다음 표의 내용과 일치하도록 빈칸에 알맞은 말을 쓰시오.

Michael이 주문한 것	Janet이 주문한 것
피자 두 조각, 우유 한 잔	사과 두 개, 커피 한 잔

1) Michael ordered _____ _____
_____ _____ and _____
_____ _____ _____ .

2) Janet ordered _____ _____ and
_____ _____ _____ _____ .

22 [기출응용] 서울 OO중 1학년

다음 빈칸에 알맞은 인칭대명사를 써서 글을 완성하시오.

Sarah and her husband went to Guam on
1) _____ honeymoon last spring.
2) _____ hotel was next to the ocean, so
3) _____ had a great time at the beach.

23 [기출응용] 대전 OO중 1학년

다음 괄호 안에 주어진 말을 바르게 배열하여 대화를 완성하시오.

A: 1) _____?
(have, how, brothers and sisters, you, many, do)
B: I have one brother and one sister. My sister is playing soccer over there.
A: 2) _____?
(she, like, what, look, does)
B: She is the tallest girl. She has curly hair.
A: Oh, I see her.

24 [기출응용] 서울 OO중 1학년

다음 그림을 보고 괄호 안의 지시에 따라 빈칸에 알맞은 말을 쓰시오.

1)   2)

1) 〈long의 원급 사용〉
The red snake is _____ _____
_____ _____ the yellow snake.

2) 〈big의 비교급 사용〉
The blue car is _____ _____ the white car.

25 [통합유형] [기출응용] 서울 OO중 1학년

다음 중 어법상 옳지 <u>않은</u> 것을 모두 찾아 바르게 고치시오. (2개)

I like baseball, and I enjoy to collect baseball cards. I have 10 cards from Cuba and 10 cards from the USA. Do you also have baseball cards? Why don't we trading?

01

다음 짝지어진 두 단어의 관계가 나머지와 <u>다른</u> 것은?

① it   –   its
② her   –   hers
③ our   –   ours
④ my   –   mine
⑤ their   –   theirs

[02-04] 다음 빈칸에 들어갈 말로 알맞지 <u>않은</u> 것을 고르시오.

02

Bella _____ writing a novel.

① gave up   ② finished
③ loved   ④ enjoyed
⑤ learned

03

_____ don't like spicy food.

① I   ② We
③ They   ④ My brother
⑤ You

04

_____ enjoys classical music.

① Mr. Son   ② Sam
③ My dad   ④ The boy
⑤ Mia and I

[05-06] 다음 주어진 문장의 밑줄 친 부분과 쓰임이 같은 것을 고르시오.

05

We went to New York <u>to spend</u> Christmas together.

① I have some books <u>to read</u>.
② You need <u>to relax</u> for a while.
③ It is impossible <u>to get</u> there in time.
④ I have an interesting story <u>to tell</u> you.
⑤ He went to the market <u>to buy</u> some eggs.

06

I hope <u>to study</u> law at this university.

① I came here <u>to see</u> my son.
② We decided <u>to go</u> camping.
③ They were sad <u>to hear</u> the news.
④ Amy went to the hair salon <u>to get</u> a haircut.
⑤ Jihoon grew up <u>to be</u> a famous singer.

[07-08] 다음 중 빈칸에 쓰이지 <u>않는</u> 것을 고르시오.

07

a. This bike is as expensive _____ a car.
b. You can speak English better _____ me.
c. What is _____ fastest animal in the world?
d. It is the _____ expensive bag in this store.

① most   ② than   ③ the
④ more   ⑤ as

08

a. Haley is tall, _____ her sister is not.
b. I bought an apple _____ an orange.
c. Please turn off the light _____ you leave.
d. The baby was crying _____ he was hungry.

① and   ② but   ③ that
④ before   ⑤ because

09 기출응용 인천 00중 1학년

다음 질문에 대한 대답으로 알맞지 <u>않은</u> 것은?

Q: What does Mary look like?
A: _____

① She is thin.
② She is very tall.
③ She has red hair.
④ She has brown eyes.
⑤ She is a soccer player.

[10-11] 다음 주어진 문장과 문장의 형식이 <u>다른</u> 것을 고르시오.

10

This jelly tastes sour.

① I feel really hungry now.
② She usually wears glasses.
③ His socks look dirty.
④ The cheese smells bad.
⑤ His vacation plan sounds fun.

11

Mr. Park teaches us Korean history.

① Please send me the file.
② Would you show me the map?
③ He asked me many questions.
④ I offered a cup of tea to Ms. Williams.
⑤ My grandmother gave me some advice.

12

다음 빈칸에 공통으로 들어갈 말로 알맞은 것은?

a. Please put these spoons _____ the table.
b. What are you doing _____ your birthday?

① in   ② for   ③ on   ④ at   ⑤ to

13

다음 밑줄 친 단어의 역할이 나머지와 <u>다른</u> 것은?

① My dog has an <u>ugly</u> face.
② They sat <u>quietly</u> in the room.
③ Tom and Jane are <u>newly</u> married.
④ Could you speak more <u>slowly</u>, please?
⑤ You should think <u>seriously</u> about the matter.

14

다음 밑줄 친 부분의 문장 내 역할이 옳지 <u>않은</u> 것은?

① My job is <u>painting</u> walls. 〈보어〉
② <u>Learning</u> French is not easy. 〈주어〉
③ I can't stop <u>thinking</u> about her. 〈목적어〉
④ She started <u>exercising</u> every morning. 〈목적어〉
⑤ They are talking about <u>moving</u> to Kansas. 〈보어〉

15

다음 빈칸에 들어갈 말로 알맞은 것을 모두 고르시오. (2개)

A: What is in that big box?
B: _____ my new bike.

① They're   ② Its
③ It's   ④ It
⑤ It is

16

다음 주어진 우리말을 영어로 바르게 옮긴 것은?

그들은 프로젝트를 제 시간에 끝내려고 노력했다.

① They tried finish their project on time.
② They tried to finish their project on time.
③ They tried finishing their project on time.
④ They tried to finishing their project on time.
⑤ They tried not to finish their project on time.

[17-18] 다음 중 어법상 옳지 <u>않은</u> 것을 고르시오.

17 통합유형

① I caught a cold two days ago.
② Did Amy take the pills yesterday?
③ She doesn't likes sweet things.
④ Dad is cooking dinner in the kitchen now.
⑤ He goes to the doctor every month.

18 통합유형

① Does he like baseball?
② She miss her grandfather.
③ Joey brought his friends to the party.
④ I am planning a family trip to Busan.
⑤ There are many coffee shops in this town.

19 통합유형

다음 밑줄 친 부분 중 어법상 옳지 <u>않은</u> 것은?

① <u>It was</u> very hot and dry in the desert. There ② <u>was</u> very little water or grass. The camels ③ <u>were</u> thirsty and hungry. They ④ <u>had</u> a hard time. But they ⑤ <u>finded</u> new ways of surviving there.

20

다음 밑줄 친 부분의 쓰임이 나머지와 다른 것은?

① I didn't see it.
② Can you believe it?
③ It was December 25.
④ It was made for Kelly.
⑤ It's my brand new smartphone.

21

기출응용 서울 00중 1학년

다음 주어진 말을 바르게 배열하여 문장을 완성하시오.

A: You don't look well. What's wrong?
B: I don't feel well today. My stomach hurts.
A: You _____.
   (at, should, get, some rest, home)

22

다음 표의 내용과 일치하도록 〈보기〉의 단어를 사용하여 〈예시〉와 같이 문장을 완성하시오.

〈보기〉	often	always	never	seldom

누가?	무엇을?	얼마나 자주?
Yumi	take a shower	every day
Amy	read books	four times a week
Jay	go to the movies	once a year

〈예시〉	Yumi always takes a shower.

1) Amy _____.

2) Jay _____.

23

다음 글에서 어법상 옳지 않은 것을 모두 찾아 바르게 고치시오. (2개)

Jiwon is Sora's friend. He live with his parents and sister. His father is Korean, and his mother is from the Philippines. Jiwon speaks English well. Now Jiwon and Sora are talk in the classroom.

24

기출응용 서울 00중 1학년

다음 설미에 대한 표를 보고 빈칸에 알맞은 말을 쓰시오.

이름	Seolmi
학교	go to Segye Middle School
애완동물	have a cat
좋아하는 계절	spring
좋아하지 않는 계절	summer

This is my friend, Seolmi. She 1) _____
_____ Segye Middle School. She 2) _____
a cat. She 3) _____ _____, but she
4) _____ _____ _____.

25

다음 우리말과 일치하도록 주어진 말을 바르게 배열하시오. (모든 단어를 쓸 필요 없음)

그 낯선 사람은 한 잔의 주스와 두 조각의 빵을 원했다.
(breads, of, juice, glass, piece, a, of, bread, glasses, two, pieces, or, and)

→ The stranger wanted _____
_____. (9단어)

01

다음 밑줄 친 부분과 의미가 같은 것은?

> <u>Can</u> I borrow your umbrella?

① Am able to   ② Should
③ Must   ④ May
⑤ Have

[02-03] 다음 짝지어진 대화가 <u>어색한</u> 것을 고르시오.

02

① A: Show me your ticket, please.
   B: Here it is.
② A: You like shopping, don't you?
   B: No, I don't.
③ A: Don't give any snacks to the dog.
   B: Okay, I will.
④ A: Let's meet at four in the afternoon.
   B: Sorry, but I can't.
⑤ A: He can play the violin, can't he?
   B: Yes, he can.

03

① A: Let's go home now.
   B: No, I don't want to.
② A: Look out the window! It's snowing!
   B: Wow. How beautiful!
③ A: She has blond hair, doesn't she?
   B: Yes, she doesn't.
④ A: You won't go back to the office, will you?
   B: No, I won't.
⑤ A: Please say hello to John.
   B: Okay. I will.

[04-06] 다음 밑줄 친 부분이 어법상 옳지 <u>않은</u> 것을 고르시오.

04

① <u>Few</u> people know the secret.
② We only have <u>a few</u> time to talk.
③ There is <u>a little</u> tea in the cup.
④ She already had <u>a few</u> chances to go abroad.
⑤ Did you spend <u>a lot of</u> money on your dress?

05

① He gave us <u>a piece of advice</u>.
② I will give you <u>a cup of hot milk</u>.
③ They brought <u>five sheets of papers</u>.
④ We had <u>two glasses of wine</u> at the party.
⑤ A sandwich is made with <u>two pieces of bread</u>.

06

① We will be there <u>at</u> Monday.
② I waited here <u>for</u> a long time.
③ She has lunch <u>at</u> noon every day.
④ My mother's birthday is <u>in</u> August.
⑤ They visited temples <u>during</u> the weekend.

07 기출응용 광주 00중 1학년

다음 우리말과 일치하도록 주어진 단어를 배열할 때 끝에서 두 번째
에 올 단어는?

> 나는 해결할 문제 하나가 있다.
> (a, to, I, solve, have, problem)

① I   ② to
③ have   ④ solve
⑤ problem

[08-09] 다음 빈칸에 들어갈 말로 바르게 짝지어진 것을 고르시오.

08 통합유형

a. It is easy _____ your password.
b. He was busy _____ the phones.
c. I don't know _____ to park my car.

① change   –   answering   –   how
② changing   –   answer   –   where
③ changing   –   answering   –   when
④ to change   –   to answer   –   what
⑤ to change   –   answering   –   where

09 통합유형

a. He is thinking about _____ his job.
b. Actually, I planned _____ tonight.
c. I felt sorry for _____ the meeting.

① quit   –   leaving   –   to not attend
② quitting   –   leave   –   not to attend
③ quitting   –   to leave   –   not attending
④ to quit   –   leaving   –   attending not
⑤ to quit   –   to leave   –   not attending

10 통합유형 기출응용 광주 00중 1학년

다음 대화의 빈칸에 들어갈 말로 알맞은 것은?

A: What did you do last weekend?
B: _____
A: Really? What did you do there?
B: I saw lots of fish. It was so much fun!

① I went to the aquarium.
② I like to see various fish.
③ I didn't want to stay home.
④ I had a great time last weekend.
⑤ We have to save the sea animals.

11 기출응용 서울 00중 1학년

다음 그림과 일치하도록 빈칸에 들어갈 말로 알맞은 것은?

Q: _____
A: Yes, he is.

① What is he doing?
② Is he playing the violin?
③ Was he playing the violin?
④ Does he play the violin?
⑤ Did he play the violin?

12

다음 괄호 안에 들어갈 말로 바르게 짝지어진 것은?

(A) Samantha [enjoys / enjoies] her new job.
(B) My sister [studys / studies] English literature.
(C) I [staied / stayed] at my uncle's house for a week.

    (A)   (B)   (C)
① enjoys   –   studys   –   staied
② enjoys   –   studies   –   stayed
③ enjoies   –   studys   –   stayed
④ enjoies   –   studys   –   staied
⑤ enjoys   –   studies   –   staied

13 기출응용 대전 00중 1학년

다음 빈칸에 들어갈 말이 같은 것끼리 바르게 짝지어진 것은?

| a. _____ is your hometown? |
| b. _____ time is it now? |
| c. _____ don't we go outside? |
| d. _____ does your mother do? |
| e. _____ often do you play tennis? |

① a, b   ② a, c   ③ b, d
④ b, e   ⑤ d, e

14

다음 중 빈칸에 must를 쓸 수 <u>없는</u> 것은?

① My boss _____ be very busy.
② You _____ not use this computer.
③ They _____ arrive here before 11 a.m.
④ The elderly woman _____ be over 90 years old.
⑤ You will _____ help your father tomorrow.

15 통합유형

다음 중 어법상 옳은 것을 모두 고르시오. (2개)

① It is hot yesterday.
② Were you sick yesterday?
③ There are an apple in the bowl.
④ He may not know the news yet.
⑤ When you will go to the school library?

16 통합유형

다음 중 밑줄 친 단어의 위치가 바르지 <u>않은</u> 것은?

① I feel <u>much</u> better than yesterday.
② I <u>always</u> wear my blue cap.
③ We will hire <u>honest</u> someone.
④ She is <u>sometimes</u> late for work.
⑤ I will <u>never</u> make the same mistake again.

17 통합유형

다음 중 어법상 옳은 것끼리 바르게 짝지어진 것은?

| a. I am wanting to go to Japan. |
| b. They moved to Paris two months ago. |
| c. The boy sleeps for 12 hours yesterday. |
| d. This bus doesn't stop at this station. |
| e. Did you watching the soccer games? |

① a, b   ② b, c   ③ b, d
④ c, d   ⑤ d, e

[18-19] 다음 중 어법상 옳지 <u>않은</u> 것을 고르시오.

18 통합유형

① You may live in my house.
② Is Yuna live in Seoul now?
③ I lived in Paris three years ago.
④ She wanted to live in an apartment.
⑤ He is thinking about living near the beach.

19 통합유형

① I need someone to talk.
② Stop bothering your sister!
③ She enjoys drawing pictures.
④ Please tell me how to get to City Hall.
⑤ That house is worth buying.

20

다음 밑줄 친 부분을 바르게 고치지 <u>않은</u> 것은?

① <u>Are</u> you sick last night?
→ Were

② Mr. Park <u>driving</u> me home last night.
→ drives

③ We are <u>learn</u> Arabic.
→ learning

④ Mom <u>don't</u> drink coffee.
→ doesn't

⑤ <u>Does</u> they have a good time yesterday?
→ Did

서·술·형

21

다음 빈칸에 알맞은 말을 써서 대화를 완성하시오.

1) A: You are a good soccer player, aren't you?
B: _____, _____ _____. I am
the best player on my team.

2) A: Sam likes grapes, _____ _____?
B: Yes. He also likes apples.

22

다음 괄호 안의 지시에 따라 문장을 바꿔 쓰시오.

1) You are kind to others. 〈긍정 명령문〉
→ _____

2) We go to the park. 〈권유의 긍정 명령문〉
→ _____

3) We play the computer game. 〈권유의 부정 명령문〉
→ _____

4) The tree is very tall. 〈How로 시작하는 감탄문〉
→ _____

23 기출응용 인천 00중 1학년

다음 우리말과 일치하도록 빈칸에 알맞은 말을 쓰시오.

> 그들은 토요일마다 쇼핑하러 간다.

→ They _____ _____ on Saturdays.

24 기출응용 경주 00중 1학년

다음 우리말과 일치하도록 주어진 말을 활용하여 문장을 완성하시오.

> Dave의 새해 결심
> First, I am going to exercise more often.
> Second, 1) <u>나는 아침에 일찍 일어날 것이다.</u>
> Third, 2) <u>나는 남들에게 친절해질 것이다.</u>

1) (wake up)
→ _____ _____ _____
_____ _____ early in the morning.

2) (be)
→ _____ _____ _____ kind to
others.

25 통합유형 기출응용 대전 00중 1학년

다음 대화에서 어법상 옳지 <u>않은</u> 것을 모두 찾아 바르게 고치시오.
(2개)

> A: I want to be a great singer. What should I do?
> B: You should practice to sing. And why don't
> you learn playing the piano?
> A: Okay. Thank you for your advice.

지은이

NE능률 영어교육연구소

NE능률 영어교육연구소는 혁신적이며 효율적인 영어 교재를 개발하고
영어 학습의 질을 한 단계 높이고자 노력하는 NE능률의 연구조직입니다.

중학영문법 총정리 모의고사 〈LEVEL 1〉

펴 낸 이	주민홍
펴 낸 곳	서울특별시 마포구 월드컵북로 396(상암동) 누리꿈스퀘어 비즈니스타워 10층
	㈜NE능률 (우편번호 03925)
펴 낸 날	2021년 1월 5일 개정판 제1쇄
	2024년 6월 15일 제9쇄
전 화	02 2014 7114
팩 스	02 3142 0356
홈 페 이 지	www.neungyule.com
등 록 번 호	제1-68호
I S B N	979-11-253-3463-7
정 가	12,000원

NE 능률

고객센터

교재 내용 문의 : contact.nebooks.co.kr (별도의 가입 절차 없이 작성 가능)
제품 구매, 교환, 불량, 반품 문의 : 02-2014-7114
☎ 전화문의는 본사 업무시간 중에만 가능합니다.

NE능률 교재 MAP

아래 교재 MAP을 참고하여 본인의 현재 혹은 목표 수준에 따라 교재를 선택하세요.
NE능률 교재들과 함께 영어실력을 쑥쑥~ 올려보세요!
MP3 등 교재 부가 학습 서비스 및 자세한 교재 정보는 www.nebooks.co.kr 에서 확인하세요.

문법
구문

초1-2	초3	초3-4	초4-5	초5-6
	그래머버디 1	그래머버디 2	그래머버디 3	Grammar Bean 3
	초등영어 문법이 된다 Starter 1	초등영어 문법이 된다 Starter 2	Grammar Bean 1	Grammar Bean 4
		초등 Grammar Inside 1	Grammar Bean 2	초등영어 문법이 된다 2
		초등 Grammar Inside 2	초등영어 문법이 된다 1	초등 Grammar Inside 5
			초등 Grammar Inside 3	초등 Grammar Inside 6
			초등 Grammar Inside 4	

초6-예비중	중1	중1-2	중2-3	중3
능률중학영어 예비중	능률중학영어 중1	능률중학영어 중2	Grammar Zone 기초편	능률중학영어 중3
Grammar Inside Starter	Grammar Zone 입문편	1316 Grammar 2	Grammar Zone 워크북 기초편	문제로 마스터하는 중학영문법 3
원리를 더한 영문법 STARTER	Grammar Zone 워크북 입문편	문제로 마스터하는 중학영문법 2	1316 Grammar 3	Grammar Inside 3
	1316 Grammar 1	Grammar Inside 2	원리를 더한 영문법 2	열중 16강 문법 3
	문제로 마스터하는 중학영문법 1	열중 16강 문법 2	중학영문법 총정리 모의고사 2	중학영문법 총정리 모의고사 3
	Grammar Inside 1	원리를 더한 영문법 1	쓰기로 마스터하는 중학서술형 2학년	쓰기로 마스터하는 중학서술형 3학년
	열중 16강 문법 1	중학영문법 총정리 모의고사 1	중학 천문장 3	
	쓰기로 마스터하는 중학서술형 1학년	중학 천문장 2		
	중학 천문장 1			

예비고–고1	고1	고1-2	고2-3	고3
문제로 마스터하는 고등영문법	Grammar Zone 기본편 1	필히 통하는 고등 영문법 실력편	Grammar Zone 종합편	
올클 수능 어법 start	Grammar Zone 워크북 기본편 1	필히 통하는 고등 서술형 실전편	Grammar Zone 워크북 종합편	
천문장 입문	Grammar Zone 기본편 2	TEPS BY STEP G+R Basic	올클 수능 어법 완성	
	Grammar Zone 워크북 기본편 2		천문장 완성	
	필히 통하는 고등 영문법 기본편			
	필히 통하는 고등 서술형 기본편			
	천문장 기본			

수능 이상/ 토플 80-89 · 텝스 600-699점	수능 이상/ 토플 90-99 · 텝스 700-799점	수능 이상/ 토플 100 · 텝스 800점 이상		
TEPS BY STEP G+R 1	TEPS BY STEP G+R 2	TEPS BY STEP G+R 3		

중학영문법

총정리
모의고사

내 · 신 · 상 · 위 · 권 · 을 · 위 · 한

정답 및 해설

1 LEVEL

NE 능률

중학영문법

총정리
모의고사

내 · 신 · 상 · 위 · 권 · 을 · 위 · 한

정답 및 해설

UNIT 01 | 모의고사

1회

1 ② 2 ② 3 ④ 4 ② 5 ① 6 ③ 7 ② 8 ③ 9 ③ 10 ③
11 ④ 12 ③ 13 ② 14 ② 15 ⑤ 16 ⑤ 17 ①, ②
18 ①, ③ 19 ③ 20 ③ 21 1) are going to watch TV
2) doesn't have to wake up early 22 1) Was he busy
yesterday 2) I wasn't mad at her 23 1) It is 2) It will
rain 24 2행: I were → I was / 5행: them → their
25 1) must not be late for class 2) can't[cannot] use
your cell phone 3) should be quiet

01 be동사의 의문문

해석 A: 너와 네 형은 중학생이니? B: _____

해설 ② 대답하는 사람의 입장에서 you와 your brother를 받는 주격 인칭대명사는 we이며, be동사를 써서 대답해야 하므로 긍정의 대답은 Yes, we are., 부정의 대답은 No, we aren't.가 되어야 한다.

02 조동사 may

해석 A: 문을 닫아도 될까요? 밖이 시끄럽네요. B: _____

해설 ② 조동사 may를 써서 상대방이 허락을 구할 때 그것을 허락하는 경우에는 Yes, you may.로, 허락하지 않는 경우에는 No, you may not. 등으로 답한다.

어휘 noisy 시끄러운

03 인칭대명사와 격

해석 나는 언니가 한 명 있다. 그녀의 이름은 Diana이다.

해설 ④ 빈칸에는 명사 앞에서 '~의'라는 의미를 나타낼 때 쓰이는 소유격 대명사가 들어가야 한다. 앞의 one sister를 지칭하는 소유격 대명사는 Her(그녀의)이다.

04 비인칭주어 it과 인칭대명사 it

해석 a. 서둘러. 벌써 오전 10시야. b. 여기 새 수건이 있어. 너는 그것을 써도 돼.

해설 a. 〈시간〉을 나타내는 비인칭주어 It이 들어가야 한다. / b. 앞의 a new towel을 가리키는 인칭대명사 it 또는 지시대명사 this가 들어가야 한다.

어휘 hurry 서두르다 already 이미, 벌써 towel 수건, 타올

05 조동사 may

해석 a. 그의 집은 이곳에서 멀리 떨어져 있다. 그는 늦을지도 모른다.
b. 오늘 밤 네가 머무르고 싶다면, 너는 이 침대에서 자도 좋다.

해설 a. '~일지도 모른다'의 뜻으로 〈약한 추측〉을 나타내는 조동사 may가 들어가는 것이 적절하다. / b. '~해도 좋다'의 뜻으로 〈허가〉를 나타내는 조동사 may가 들어가는 것이 적절하다.

06 조동사 be able to / be동사 / 비인칭주어 it

해석 a. 그녀는 수영을 할 수 있었니? b. 그는 그 당시에 중국에 있었다.
c. 어제는 흐렸다.

해설 a. be able to는 '~할 수 있다'라는 뜻의 〈능력〉을 나타내는 조동사로, 주어가 3인칭 단수(she)이므로, 빈칸에는 Is나 Was가 들어가야 한다. / b. at that time(그때, 그 당시에)은 과거를 나타내는 표현으로, be동사의 과거형이 들어가야 하는데, 주어가 3인칭 단수(He)이므로, 빈칸에는 was가 들어가야 한다. / c. yesterday(어제)는 과거를 나타내는 표현으로, be동사의 과거형이 들어가야 하는데, 주어가 단수인 비인칭주어 It이므로, 빈칸에는 was가 들어가야 한다.

어휘 at that time 그때, 그 당시에

07 be동사 / There + be동사

해석 (A) 그 가게는 열지 않았다. (B) 기차에는 사람들이 많이 있다.
(C) 그는 내가 가장 좋아하는 가수였지만, 더는 아니다.

해설 (A) 주어 The store는 3인칭 단수이므로 be동사의 부정형은 isn't가 와야 한다. / (B) 「There + be동사」 뒤에 복수명사인 many people이 나오므로 are가 와야 한다. / (C) 주어 He가 3인칭 단수이므로 be동사의 단수 과거형 was가 와야 한다.

08 조동사 will

해석 ① 내가 나중에 전화할게. ② 그는 내년에 스무 살이 될 것이다.
③ 나는 지난주에 고향을 방문했다. ④ 내 생일 파티에 와주겠니? ⑤ 비행기는 5분 후에 이륙할 것이다.

해설 ③ last week(지난주)는 과거를 나타내는 표현으로, 미래를 나타내는 조동사 will과 함께 쓸 수 없다.

어휘 hometown 고향 take off 이륙하다

09 조동사 must

해석 ① 칼이 매우 날카롭다. 나는 그것을 조심해야 한다. ② 우리는 방을 청소해야 한다. 방이 정말 더럽다. ③ 그 영화는 재미있는 게 틀림없다. 모든 사람이 그것을 좋아한다. ④ 학생들은 매일 교복을 입어야 한다. ⑤ 너는 내일 수영복을 가져와야 한다.

해설 ③의 must는 '~임에 틀림없다'라는 〈강한 추측〉을 나타내며, 나머지 must는 모두 '~해야 한다'라는 뜻의 〈의무〉를 나타낸다.

어휘 swimsuit 수영복

10 조동사

해석 ① 너는 내 연필을 써도 된다. ② 그는 안전벨트를 착용해야 한다.

③ 너는 수업 시간에 껌을 씹어서는 안 된다.   ④ 그녀는 일본어를 읽고 쓸 수 있다.   ⑤ 우리는 내년에 유럽으로 여행을 갈 것이다.

해설 ③ must not은 '~하면 안 된다'는 〈금지〉의 의미이고, don't have to는 '~할 필요가 없다'는 〈불필요〉의 의미이다.

어휘 seat belt 안전벨트   chew 씹다

11 be동사

해석 ① 나는 지금 이탈리아에 있다.   ② 그의 손은 차갑다.   ③ 우리는 같은 반이었다.   ⑤ 너는 또 회의에 늦었다.

해설 ④ yesterday(어제)는 과거를 나타내는 표현으로, be동사의 현재형인 are와 함께 쓸 수 없다. (are → were)

12 조동사

해석 ① 내가 그녀에게 사과해야 할까?   ② 그는 약을 복용해야 한다.   ④ 너는 교과서를 가지고 올 필요가 없다.   ⑤ 지하철역을 어디에서 찾을 수 있나요?

해설 ③ 조동사 will과 can은 나란히 함께 쓰일 수 없다. (will can → will be able to 또는 will이나 can 삭제)

어휘 apologize 사과하다   take medicine 약을 먹다   Spanish 스페인어   textbook 교과서   subway 지하철   station 역

13 There + be동사

해석 방 안에 많은 _____이(가) 있나요?
① 아이들   ② 여자   ③ 탁자들   ④ 책들   ⑤ 사람들

해설 There are(의문문: Are there ~?)는 '~가 있다(~가 있니?)'라는 뜻으로, are가 있으므로 뒤에 복수명사를 써야 한다. ②의 woman은 단수명사로, 빈칸에 쓸 수 없다.

14 be동사

해석 ① 이 도로는 예전에는 좁았다.   ② 너는 5년 전에는 키가 매우 작았다.   ③ 나는 어젯밤에 쇼핑몰에 있었다.   ④ 지난주에 그녀는 수업에 늦었나요?   ⑤ Noah는 어제 그의 여자친구와 있었다.

해설 ②의 주어가 2인칭이므로, 빈칸에는 are의 과거형인 were가 들어가야 한다. 나머지는 모두 was[Was]를 쓴다.

어휘 narrow 좁은

15 비인칭주어 it과 인칭대명사 it

해석 ① 그것은 매우 비싸다.   ② 그것을 어디에 두었니?   ③ 나는 이미 그것을 Dan에게 주었다.   ④ 그녀는 자신의 딸에게 그것을 사주었다.   ⑤ 여기에서 도서관까지는 2마일이다.

해설 ⑤의 밑줄 친 It은 〈거리〉를 나타낼 때 문장의 주어로 쓰이는 비인칭주어 it이고, 나머지는 모두 사물을 가리키는 인칭대명사 it으로, '그것'이라고 해석한다.

어휘 expensive 비싼   daughter 딸   library 도서관

16 조동사 can

해석 Donald는 100미터를 12초 안에 뛸 수 있다.
① 나의 개는 헤엄칠 수 있다.   ② 너는 운전을 할 수 있니?   ③ Melissa는 한식을 요리할 수 있다.   ④ 그는 러시아어를 매우 잘 말할 수 있다.   ⑤ 너는 파티에 내 재킷을 입어도 된다.

해설 주어진 문장과 ①, ②, ③, ④의 조동사 can은 모두 '~할 수 있다'는 의미로 〈능력, 가능〉을 나타낸다. ⑤의 조동사 can은 '~해도 좋다'의 뜻으로 〈허가〉를 나타낸다.

어휘 second (시간 단위인) 초   Russian 러시아어

17 인칭대명사와 be동사 / 조동사

해석 ① 너는 수학을 잘하지 않는다.   ② 그녀는 여기에 올 필요가 없다.

해설 ③ 인칭대명사가 문장에서 주어 역할을 하면 주격을 쓴다. (Them → They)   ④ be going to는 '~할 예정이다'라는 뜻으로, be동사 뒤에 not을 붙여 부정문을 만든다. (is going not to → is not going to)   ⑤ be able to는 '~할 수 있다'라는 뜻으로, 의문문은 「be동사 + 주어 + able to + 동사원형」의 형태로 쓴다. (Are able to you → Are you able to)

어휘 attend 참석[출석]하다   language 언어

18 인칭대명사와 be동사 / 조동사

해석 ① 우리는 완벽하지 않다.   ③ 그들은 남미 출신이니?

해설 ② 조동사 뒤에는 항상 동사원형이 와야 한다. (can gets → can get)   ④ 명사 앞에서 '~의'라는 의미를 나타낼 때는 소유격을 쓴다. (hers → her)   ⑤ have to는 '~해야 한다'라는 뜻으로, 의문문은 「Do[Does/Did] + 주어 + have to ~?」의 형태로 쓴다. (Have I to → Do I have to)

어휘 perfect 완벽한   free 무료[공짜]의   comb 빗다, 빗질하다

19 인칭대명사와 be동사 / 조동사

해석 c. 그는 내 남편의 동생이다.   d. 그들은 과학에 관심이 있었니?

해설 a. am not은 amn't로 줄여 쓰지 않는다. (amn't → am not) / b. be going to는 '~할 예정이다'의 뜻으로, 현재시제의 문장에서 주어가 3인칭 단수일 경우, be동사 자리에 is를 쓴다. (be → is) / e. Its는 it의 소유격이다. It is의 줄임말은 It's로 쓴다. (Its → It's)

어휘 familiar 친숙[익숙]한   professor 교수   husband 남편   be interested in ~에 관심이 있다   science 과학

20 인칭대명사와 be동사 / 조동사 / There + be동사

해석 Dave는 농구 선수이다. 그는 높이 뛰고 슛을 잘 쏠 수 있다. 그는 매일 그의 팀과 농구를 연습해야 한다. 그의 팀에는 다섯 명이 있다. 그들은 모두 훌륭한 선수들이다.

해설 ③ have to는 '~해야 한다'라는 뜻으로, 주어가 3인칭 단수일 경우 have 대신에 has를 쓴다. (have to → has to)

어휘 shoot 슛을 하다   practice 연습하다

21 조동사

해설 1) 「주어 + be going to + 동사원형」의 어순에 유의하여 단어를 배열한다.
2) 「주어 + don't[doesn't] have to + 동사원형」의 어순에 유의하여 단어를 배열한다.

22 be동사의 의문문 / be동사의 부정문

해설 1) be동사의 의문문은 「Be동사 + 주어 ~?」의 형태로 쓴다. 주어가 3인칭 단수(he)이고, 과거를 나타내는 부사 '어제'가 있으므로, be동사의 과거형인 was를 써야 한다.
2) be mad at은 '~에게 화나다'라는 뜻이고, be동사의 부정문은 be동사 뒤에 not을 붙인다. 주어가 1인칭 단수(I)이고, 과거시제의 문장이므로 be동사의 부정으로는 wasn't가 적절하다.

23 비인칭주어 it / 조동사

해석 1) 질문: 오늘 날씨가 어때?   대답: 오늘은 흐려.
2) 질문: 내일은 어때?   대답: 내일은 비가 내릴 거야.

해설 1) 날씨를 나타낼 때 문장의 주어로 쓰이는 비인칭주어 It이 오고, 현재시제(today)이므로 be동사는 is를 써야 한다.
2) 비인칭주어 It이 오고, 동사 자리에는 미래와 관련된 표현인 tomorrow와 어울리는 조동사 will을 쓰며, will 다음에는 동사원형이 와야 하므로 세 번째 빈칸에는 rain이 들어가야 한다.

24 인칭대명사와 be동사 / There + be동사

해석 A: 너는 어제 오페라 극장에 있었니?   B: 응, 그랬어. 그곳에 사람들이 많았어.   A: 오페라는 어땠어?   B: 그건 근사했어. 세 명의 오페라 가수들이 있었는데, 그들의 목소리는 아주 멋졌어.

해설 2행: 주어가 1인칭 단수(I)일 경우, be동사의 과거형은 was를 써야 한다. (were → was)
5행: 명사 앞에서 '~의'라는 의미를 나타내므로 소유격 대명사 their를 써야 한다. (them → their)

어휘 opera house 오페라 극장

25 조동사

해설 1) 2) 조동사의 부정문은 「주어 + 조동사 + not + 동사원형」의 어순으로 쓴다.
3) 「주어 + should + 동사원형」의 어순에 유의하여 문장을 완성한다.

UNIT 01 | 모의고사

2회

1 ② 2 ④ 3 ② 4 ② 5 ④ 6 ③ 7 ③ 8 ③ 9 ④ 10 ③
11 ② 12 ③ 13 ② 14 ⑤ 15 ① 16 ③ 17 ③ 18 ③
19 ③ 20 ⑤ 21 1) am 2) was 3) be 22 must read this book, she doesn't have to return it 23 1) Were Joseph and Debby tired yesterday? 2) It's not your fault. 또는 It isn't your fault. 24 1) are two 2) Is there, is
25 1행: We're → Our / 3행: swimming → swim

01 be동사

해석 ① Mark와 Jacob은 네 친구들이니?   ② 내 남동생은 지금 삼촌 댁에 있다.   ③ 그들은 캐나다 출신이다.   ④ 그의 누나들은 고등학생이다.   ⑤ Jessie와 나는 올해 같은 반이다.

해설 ②의 주어가 3인칭이므로, 빈칸에는 is가 들어가야 한다. 나머지는 모두 are[Are]를 쓴다.

02 조동사

해석 ① 우리는 오늘 오후에 쇼핑하러 갈 수 있다.   ② 너는 거짓말을 해서는 안 된다.   ③ 그들은 어제 일출을 볼 수 있었다.   ⑤ Ethan은 우리 축구 동아리에 들어올지도 모른다.

해설 ④ have to는 '~해야 한다'라는 뜻으로, 주어가 3인칭 단수일 경우 have 대신에 has를 쓴다. (have to go → has to go)

어휘 sunrise 일출   dentist 치과 의사, 치과

03 인칭대명사와 격

해석 이 파란색 차는 나의 것이다. 저 빨간색 차는 그의 것이다.

해설 밑줄 친 his는 '그의 것'이라는 의미의 소유대명사로, 이 문장에서는 ② his car(그의 차)로 대신할 수 있다.

04 인칭대명사와 격

해석 ② 정오에 저희 사무실을 방문해 주세요.

해설 ① 문장의 목적어 역할을 하므로 she를 목적격 인칭대명사인 her로 고쳐야 한다. (she → her)   ③ 명사 husband 앞에서 '~의'라는 의미를 나타내므로 mine을 소유격 my로 고쳐야 한다. (mine → my)   ④ 명사 name 앞에서 '~의'라는 의미를 나타내므로 He's를 소유격 His로 고쳐야 한다. (He's → His)   ⑤ 명사 fur 앞에서 '~의'라는 의미를 나타내므로 It's를 소유격 Its로 고쳐야 한다. (It's → Its)

어휘 husband 남편   fur (일부 동물의) 털

05 조동사 be going to

해설 '~할 것이다, ~할 예정이다'의 의미인 미래의 일은 be going to로 나타내며, 이 문장에서 주어 Haley는 3인칭 단수이므로, be동사는 is를 써야 한다. be going to 뒤에는 반드시 동사원형이 와야 한다.

어휘 next week 다음 주

06 비인칭주어 it과 인칭대명사 it

해석 ① 4월 21일이다.   ② 서둘러! 밤 10시야.   ③ 나는 지난주에 그것을 사고 싶었다.   ④ 밖이 추워. 코트를 입어라.   ⑤ 일요일이야. 같이 집을 청소하자.

해설 ③의 it은 사물을 지칭하는 인칭대명사이고, ①의 It은 〈날짜〉, ②의 It은 〈시간〉, ④의 It은 〈날씨〉, ⑤의 It은 〈요일〉을 나타낼 때 문장의 주어로 쓰이는 비인칭주어이다.

어휘 April 4월   hurry up 서두르다

07 조동사 can

해석 A: 우리가 강에서 수영해도 되나요?   B: 그래. 하지만 너무 멀리 가지는 마라.

해설 ③ 허가를 구하는 조동사 Can이 와야 한다.

08 be동사

해석 a. 너 지금 괜찮니?   b. 이것은 네 스마트폰이니?   c. 오늘은 화창하고 따뜻하다.   d. 그는 십 년 전에 교사였다.

해설 a. 주어가 2인칭 단수(you)이며 now가 있으므로 be동사의 현재형인 Are가 빈칸에 들어가는 것이 적절하다. / d. 주어가 3인칭 단수(He)이며 ten years ago(십 년 전에)는 과거를 나타내는 표현이므로, 빈칸에 was가 들어가는 것이 적절하다.

09 조동사

해석 ① 당신은 입장료를 내지 않을 것입니다.   ② 당신은 입장료를 내서는 안 됩니다.   ③ 당신은 입장료를 내서는 안 됩니다.   ④ 당신은 입장료를 낼 필요가 없습니다.   ⑤ 당신은 입장료를 낼 수 없습니다.

해설 '~할 필요가 없다'라는 뜻의 〈불필요〉는 don't have to로 나타낸다.

어휘 pay 지불하다   entrance fee 입장료

10 be동사

해석 a. 너는 2년 전에는 여기 없었는데.   b. 그녀는 예전에 댄서였니?

해설 a. 과거시제의 문장으로, 주어가 2인칭(You)이므로, be동사의 과거형인 were가 들어가는 것이 적절하다. / b. before(예전에)는 과거를 나타내는 부사이며 주어가 3인칭 단수(she)이므로, 빈칸에는 be동사의 과거형 Was가 들어가는 것이 적절하다.

11 There + be동사

해석 ① 2015년 NE 고등학교에는 구내식당이 있었다.   ② NE 고등학교에 도서관은 없다.   ③ 2015년 NE 고등학교에는 체육관이 있었다.   ④ NE 고등학교에 체육관은 없다.   ⑤ 2015년 NE 고등학교에는 컴퓨터실이 없었다.

해설 현재 NE 고등학교에 도서관이 있으므로, ② There isn't a library in NE High School.은 There is a library in NE High School.로 고쳐야 한다.

어휘 cafeteria 카페테리아, 구내식당   gym 체육관

12 조동사 may

해석 ① Sheldon은 천재일지도 모른다.   ② 그녀는 지금 병원에 있을지도 모른다.   ③ 제가 질문을 좀 드려도 될까요?   ④ 나를 기다리지 마. 나는 늦을지도 몰라.   ⑤ 이 씨는 다시 돌아오지 않을지도 모른다.

해설 ③의 May는 '~해도 좋다'라는 뜻의 〈허가〉를 나타내며, 나머지 may는 모두 '~일지도 모른다'라는 뜻의 〈약한 추측〉을 나타낸다.

어휘 genius 천재

13 be동사의 부정문

해석 Sharon과 그녀의 가족은 아프다.
② Sharon과 그녀의 가족은 아프지 않다.

해설 be동사의 부정문은 be동사 바로 뒤에 not을 붙이며, are not은 aren't로 줄여 쓸 수 있다.

14 조동사

해설 ⑤의 조동사 should는 '~해야 한다'의 의미로 〈의무〉를 나타내므로 '그는 우산을 가지고 가야 한다.'로 해석하는 것이 옳다.

15 be동사 / There + be동사

해석 ② 그 영화는 그렇게 나쁘지 않았다.   ③ 여기 근처에 약국이 있나요?   ④ 공원에 큰 나무들이 있었다.   ⑤ 너는 그때 보스턴에 있었니?

해설 ① am not은 amn't로 줄여 쓸 수 없다. (I amn't → I'm not 또는 I am not)

어휘 drugstore 약국

16 비인칭주어 it / 조동사 / be동사

해석 ① 지금 몇 시니?   ② 내가 너의 차를 써도 될까?   ④ 너는 설거지를 할 필요가 없다.   ⑤ 그는 열쇠를 찾을 수 있었니?

해설 ③의 yesterday(어제)는 과거를 나타내는 부사로, be동사의 현재형이 아닌 과거형을 쓰는 것이 적절하다. (We're → We were)

어휘 theater 극장   do the dishes 설거지하다

17 조동사 / be동사 / There + be동사

해석 b. 내가 Judy를 어디에서 찾을 수 있을까?   d. 이 건물 안에 화장실이 있나요?

해설 a. 조동사 뒤에는 항상 동사원형이 와야 한다. (may is → may be) / c. 주어(He and his wife)가 복수이므로, were를 써야 한다. (was → were)

18 비인칭주어 it / 조동사 / 인칭대명사와 격 / There + be동사

해석 ① 오늘 날짜는 1월 1일이다. ② 너는 밤 10시까지 집에 와야 한다. ③ 그녀는 고양이가 한 마리가 있다. 그것은 파란 눈을 가졌다. ④ 나는 그에게 커다란 곰인형을 사줄 것이다. ⑤ 사과와 오렌지가 식탁 위에 있다.

해설 ③ 두 번째 문장의 명사 eyes 앞에서 '~의'라는 의미를 나타낼 때는 소유격 인칭대명사를 써야 한다. (It's → Its)

어휘 giant 매우 큰, 거대한

19 조동사 / There + be동사

해석 A: 너는 이번 주말에 무엇을 할 거니? B: 나는 놀이 공원에 갈 예정이야! 다양한 종류의 놀이기구들이 많아. A: 그거 재미있겠다! 너는 무척 신나겠다. B: 응, 그래. 나는 롤러코스터를 여러 번 탈 수 있어.

해설 ③ There are는 '~가 있다'의 뜻으로 There를 '거기에'라고 해석하지 않는다.

어휘 weekend 주말 amusement park 놀이 공원 ride 놀이기구 excited 신이 난

20 인칭대명사와 be동사 / 조동사 / There + be동사

해석 a. 그녀는 나의 언니이다. b. 너는 휴식을 취하는 것이 좋다.

해설 c. 동사 visit의 목적어 역할을 하는 목적격 인칭대명사가 필요하므로, our를 us로 고쳐야 한다. (our → us) / d. 「Be동사 + there ~?」는 '~이 있니?'라는 의문문으로 뒤에 복수 명사가 오면 복수형 be동사를, 단수 명사가 오면 단수형 be동사를 쓴다. many stars는 복수이므로 Are there ~?가 되어야 한다. (Is → Are)

어휘 rest 휴식 anytime 언제든지

21 be동사

해석 나는 지금 14살이다. 나의 형은 작년에 19살이었다. 나의 여동생은 내년에 12살이 될 것이다.

해설 1) 주어가 1인칭 단수(I)이고 현재시제이므로 be동사는 am을 써야 한다.
2) 주어가 3인칭 단수(My older brother)이고 과거시제이므로 be동사는 was를 써야 한다.
3) 조동사 will 다음에는 동사원형을 써야 하므로 be를 써야 한다.

22 조동사

해설 '~해야 한다'라는 〈의무〉는 must 또는 have to를 써서 나타내고, '~할 필요가 없다'라는 〈불필요〉는 don't have to로 나타낸다. 「주어 + 조동사 + 동사원형」의 어순에 유의하여 단어를 배열하도록 한다.

어휘 return 돌려주다, 반납하다

23 be동사의 의문문 / be동사의 부정문

해석 〈예시〉 그들은 Joe의 남동생들이다. → 그들은 Joe의 남동생들이 아니다.
1) Joseph과 Debby는 어제 피곤했다. → Joseph과 Debby는 어제 피곤했니?

2) 그건 네 잘못이야. → 그건 네 잘못이 아니야.

해설 1) be동사의 의문문은 「Be동사 + 주어 ~?」의 형태로 쓴다.
2) be동사의 부정문은 be동사 뒤에 not을 붙여 「주어 + be동사 + not」의 형태로 쓴다.

어휘 fault 잘못

24 There + be동사

해석 〈예시〉 책상 위에 노트북 한 대가 있다.
1) 책상 위에 두 권의 책이 있다.
2) 질문: 책상 위에 커피 한 잔이 있니? 대답: 응, 있어.

해설 There is[are]는 '~가 있다'의 뜻으로, There is 뒤에는 단수명사가, There are 뒤에는 복수명사가 온다. 의문문은 'Is[Are] there ~?'의 형태이며, 긍정의 대답은 Yes, there is[are].이고, 부정의 대답은 No, there isn't[aren't].이다.

25 인칭대명사와 격 / 조동사

해석 우리는 샌프란시스코로 이사할 것이다. 우리의 새 집은 Sunset 가(街)에 있다. 그것은 수영장을 가지고 있어서, 내 여동생들과 나는 여름에 수영할 수 있다.

해설 1행: 명사구(new house) 앞에서 '~의'라는 의미를 나타낼 때는 소유격 형태의 인칭대명사를 써야 한다. (We're → Our)
3행: 조동사 뒤에는 항상 동사원형이 와야 한다. (swimming → swim)

UNIT 02 | 모의고사

1회

1 ④ 2 ② 3 ⑤ 4 ③ 5 ② 6 ③ 7 ⑤ 8 ⑤ 9 ② 10 ⑤
11 ④ 12 ① 13 ③ 14 ② 15 ① 16 ⑤ 17 ② 18 ①
19 ③ 20 ①, ④, ⑤ 21 1) went to the library 2) I didn't
3) met my cousin 22 1) check 2) traveling 3) saw
23 1) goes jogging 2) has lunch 3) does her homework
4) studies Chinese 24 1) lives 2) has 3) doesn't have
3) plays tennis 25 2행: maked → made 4행: enjoy →
enjoyed

01 일반동사의 부정문
[해석] 그녀는 어제 저녁을 많이 먹지 않았다.
[해설] ④ yesterday는 과거를 나타내는 표현이고, 일반동사 과거형의 부정문은 「did not + 동사원형」으로 쓴다.

02 일반동사의 현재형
[해석] _____는(은) 동물을 좋아한다.
[해설] ② 주어가 2인칭일 경우, 일반동사의 현재형은 동사원형 그대로 쓴다.

03 과거시제
[해석] 인혜는 _____(에) 아주 열심히 공부했다.
① 지난주 ② 어제 ③ 지난 학기 ④ 오늘 ⑤ 다음 주
[해설] 주어진 문장의 동사 studied는 study의 과거형으로 과거시제를 나타내므로 미래를 나타내는 ⑤ next week(다음 주)와는 함께 쓸 수 없다.
[어휘] semester 학기

04 진행형으로 잘 쓰지 않는 동사
[해석] Jason은 자전거를 _____.
① 샀다 ② 원한다 ④ 찾았다 ⑤ 타고 있었다
[해설] ③ have처럼 〈소유〉를 나타내는 동사는 진행형으로 쓸 수 없다.

05 현재시제 / 과거시제
[해석] a. 지구는 태양 주변을 돈다. b. Paul은 10년 전에 Joe를 만났다.
[해설] a. 변하지 않는 사실을 나타낼 때는 현재시제를 써야 하며 주어인 The earth는 3인칭 단수이므로 goes를 써야 한다. / b. 10 years ago는 과거를 나타내는 표현이므로, 빈칸에는 동사 meet의 과거형인 met이 적절하다.
[어휘] earth 지구

06 진행형으로 잘 쓰지 않는 동사 / 현재진행형
[해석] a. 아이는 음료를 원한다. b. 그는 지금 뜨거운 차를 마시는 중이다.
[해설] a. want처럼 〈생각〉을 나타내는 동사는 진행형으로 쓸 수 없다. / b. 빈칸 뒤에 v-ing가 있고, '지금'이라는 뜻의 부사 now가 쓰였으므로 빈칸에 be동사의 현재형을 써서 현재진행형을 쓴다.
[어휘] drink 음료수; 마시다

07 일반동사의 의문문
[해석] ① A: 그녀는 사과를 좋아하니? B: 응. 그녀는 오렌지도 좋아해.
② A: 그는 매주 일요일마다 교회에 가니? B: 아니, 안가.
③ A: 그것은 신 맛이 나니? B: 응. 이것은 매우 셔.
④ A: Dan은 병원에서 일하니? B: 아니. 그는 은행에서 일해.
⑤ A: 저 소리 들리니? B: 응. 내 생각에 고양이 소리인 것 같아.
[해설] ⑤ 주어가 2인칭이므로 Do를 써야 한다. ①, ②, ③, ④의 빈칸에는 Does가 들어간다.

08 현재진행형 / 과거시제
[해석] 엄마: 서둘러라! 네 친구가 밖에서 너를 기다리고 있어!
세미: 죄송해요! 지금 옷을 입고 있어요. 오늘 아침에 늦게 일어났거든요.
엄마: 너는 지난주에도 매일 늦게 일어났잖니.
[해설] (A), (B) 지금 일이 일어나고 있는 상황이므로, 「be동사의 현재형 + v-ing」 형태의 현재진행형을 써야 한다. / (C) last week는 과거를 나타내는 표현이므로 과거시제를 써야 한다.
[어휘] get dressed 옷을 입다

09 일반동사의 부정문 / 일반동사의 의문문
[해석] ① 나는 학교에 걸어 다닌다. → 나는 학교에 걸어 다니지 않는다.
② James는 그 정답을 안다. ③ 그녀는 너에게 선물을 보냈다. → 그녀는 너에게 선물을 보냈니? ④ 그는 토요일마다 수영을 하러 간다. → 그는 토요일마다 수영을 하러 가지 않는다. ⑤ 나의 남동생은 그의 숙제를 끝냈다. → 나의 남동생은 그의 숙제를 끝내지 않았다.
[해설] ② 주어가 3인칭 단수일 경우, 일반동사 현재형의 의문문은 「Does + 주어 + 동사원형 ~?」의 형태로 만든다. (Do James knows the answer? → Does James know the answer?)
[어휘] present 선물

10 현재진행형
[해석] ① 그들은 꽃을 판다. → 그들은 꽃을 팔고 있다. ② Lewis는 전화통화를 한다. → Lewis는 전화통화를 하고 있다. ③ 그 고양이는 소파 위에서 잔다. → 그 고양이는 소파 위에서 자고 있다. ④ 나는 팬케이크를 만든다. → 나는 팬케이크를 만들고 있다. ⑤ Jessica는 공원을 달린다.
[해설] ⑤ 현재진행형을 만들 때 동사 run처럼 「단모음 + 단자음」으로 끝나는 동사는 자음을 한번 더 쓰고 -ing를 붙인다. (runing → running)

11 동사의 시제 / 일반동사의 의문문 / 일반동사의 부정문

해석 ④ Joan은 지난달에 세 권의 책을 읽었다.

해설 ① 진행형의 부정은 be동사 뒤에 not 을 붙인다. (is working not → is not working 또는 isn't working) ② now는 현재시제나 현재진행형과 어울리는 부사이다. (was sleeping → is sleeping) ③ last year(작년)는 과거를 나타내는 표현이고, 과거형 일반동사의 의문문은 Did 를 쓴다. (Does → Did) ⑤ 일반동사 과거형의 부정문은 「did not + 동사원형」으로 쓴다. (didn't slept → didn't sleep)

12 동사의 시제

해석 ① 그는 지금 전화 통화 중이다.

해설 ② two years ago(2년 전에)는 과거를 나타내는 표현이므로, 일반동사의 과거형을 써야 한다. (live → lived) ③ yesterday는 과거를 나타내는 표현이고, 과거진행형은 「be동사의 과거형 + v-ing」의 형태로 쓴다. (isn't wearing → wasn't wearing) ④ next week는 미래를 나타내는 표현이므로 미래 시제를 써야 한다. (went → will go) ⑤ now는 현재시제나 현재진행형과 어울리는 부사이다. (were having → are having 또는 have)

13 일반동사

해석 ① 그는 여동생을 위해 박스를 옮겼다. ② 이 가게는 컵을 판매하나요? ④ Lena는 만화책을 읽지 않는다. ⑤ 그녀는 어제 그녀의 딸을 데리고 왔나요?

해설 ③ 동사 go의 과거형은 went이다. (goed → went)

14 동사의 시제

해석

	어제	매일
나	시장에 가다	축구를 하다
미주	피자를 먹다	스페인어를 공부하다
주민	편지를 쓰다	TV를 보다

① 나는 어제 시장에 갔다. ② 미주는 매일 피자를 먹는다. ③ 미주는 매일 스페인어를 공부한다. ④ 주민이는 어제 편지를 썼다. ⑤ 주민이는 매일 TV를 본다.

해설 ② 표에서 미주가 피자를 먹은 것은 어제이므로 동사의 과거형을 써야 한다. (eats some pizza every day → ate some pizza yesterday)

어휘 Spanish 스페인어

15 일반동사의 부정문 / 동사의 시제 / 일반동사의 의문문

해석 ② 제2차 세계대전은 1945년에 끝났다. ③ 그녀는 커피를 좀 더 원하니? ④ 엄마와 아빠는 지금 저녁을 드시고 계신다. ⑤ Jeremy는 일주일에 두 번 부모님을 방문한다.

해설 ① 일반동사의 부정문은 「do[does] + not + 동사원형」으로 쓴다. (not do remember → do not remember)

어휘 title 제목 twice 두 번

16 진행형

해석 ① 한 남자가 잔디를 깎고 있다. ② 나는 지금 보고서를 쓰고 있다. ③ 그녀는 오늘 아침 공원에서 걷고 있었다. ④ Taylor 씨는 신발끈을 묶고 있었다.

해설 ⑤ 동사의 v-ing형을 만들 때 -e로 끝나는 동사는 e를 빼고 -ing를 붙여야 한다. (skateing → skating)

어휘 grass 잔디 report 보고서

17 동사의 시제

해석 ① 나는 그때 운전을 하고 있었다. ③ 너는 지금 나에게 거짓말을 하고 있다. ④ Steve는 매일 밤 11시에 잠자리에 든다. ⑤ 그녀는 어제 너의 책상에 책을 두었다.

해설 ② 수학 공식처럼 변하지 않는 사실은 현재시제를 써서 나타낸다. (was → is)

18 일반동사의 현재형

해석 지유는 한국의 서울에서 산다. 그녀는 영어를 매우 잘하지는 않지만, 전세계에 많은 친구가 있다. 그들은 인터넷상에서 만난다. 그들은 다른 장소에서 살지만, 친구이다.

해설 ① 주어가 3인칭 단수이고, 문장이 현재시제일 때, 일반동사의 현재형은 뒤에 -(e)s를 붙여야 한다. (live → lives)

19 동사의 시제 / 일반동사

해석 a. 아빠는 5분 전에 부엌에 계셨다. d. 나의 오빠는 어제 설거지를 하지 않았다. e. 엄마는 내 건강에 대해 자주 걱정하신다.

해설 b. cut과 같이 「단모음 + 단자음」으로 끝나는 동사는 자음을 한번 더 쓰고 -ing를 붙여서 진행형을 만든다. (cuting → cutting) / c. 주어가 3인칭 복수일 때, 일반동사의 현재형은 동사원형 그대로 쓴다. (lives → live)

어휘 often 자주 worry about ~에 대해 걱정하다 health 건강

20 일반동사의 의문문 / 동사의 시제

해석 ① 내가 너무 빨리 먹니? ④ 나의 아들은 식탁 위에 컵을 떨어뜨렸다. ⑤ Tom은 매 식사 후에 양치질을 한다.

해설 ② 진행형의 의문문은 「Is + 주어 + v-ing ~?」의 형태이다. (Is listening James → Is James listening) ③ 과거형 일반동사의 의문문은 「Did + 주어 + 동사원형 ~?」의 형태로 만든다. (took → take)

어휘 take a shower 샤워를 하다 drop 떨어뜨리다 brush one's teeth 양치질을 하다 meal 식사

21 일반동사의 과거형

해석 〈지난주 유람이의 일정〉

월요일	도서관에 가기
화요일	그녀의 사촌 만나기
수요일	빨래하기

Emily: 지난 월요일에 뭐 했어?

Yuram: 지난 월요일에 1) 도서관에 갔어.

Emily: 지난 화요일에 빨래를 했니?

Yuram: 아니, 2) 안 했어. 지난 화요일에는 3) 내 사촌을 만났어.

해설 모두 지난주에 일어난 상황이므로, 동사들을 과거형으로 써야 한다. 1) go의 과거형은 went, 2) 일반동사의 의문문에 대한 부정의 대답은 No, I didn't., 3) meet의 과거형은 met이다.

어휘 cousin 사촌   do one's laundry 빨래하다

22 동사의 시제

해석 나는 매일 이메일을 1) 확인한다. 오늘 저녁에 나는 이메일을 확인했다. 나는 Carter에게 온 이메일을 발견했다. 그는 지금 남아메리카를 2) 여행하고 있다. 나는 이메일에 있는 그의 사진 여러 장을 3) 봤다. 그는 무척 행복해 보였다.

해설 1) 매일 반복되는 습관은 현재시제로 쓴다.
2) now는 현재시제나 현재진행형과 어울리는 부사인데, 빈칸 앞에 be동사 is가 있으므로, 현재진행형인 「be동사의 현재형 + v-ing」의 형태로 쓴다.
3) 그의 사진을 본 This evening은 글의 문맥에서 과거를 나타내는 표현이므로 see의 과거형 saw를 쓴다.

23 일반동사의 현재형

해석

오전 9시	아침을 먹다
오전 10시	조깅을 가다
오후 12시	점심을 먹다
오후 2시	숙제를 하다
오후 4시	중국어를 공부하다

매주 일요일에 소라는 오전 10시에 1) 조깅을 간다. 그녀는 정오에 2) 점심을 먹는다. 오후에 그녀는 3) 숙제를 하고 4) 중국어를 공부한다.

해설 현재시제의 문장에서 주어가 3인칭 단수일 때, 일반동사의 현재형은 형태가 달라진다. 1) go → goes 2) have → has 3) do → does 4) study → studies

24 일반동사의 현재형 / 일반동사의 부정문

해석

나이	15
사는 곳	스페인의 마드리드에 산다
형제	한 명의 남동생이 있고 여동생은 없다
취미	매주 일요일마다 테니스를 치다

나는 내 친구 Raphael을 소개하고 싶어. 그는 15살이야. 그는 스페인의 마드리드에 1) 살아. 그는 남동생이 2) 있어, 하지만 여동생은 3) 없어. 그는 매주 일요일마다 4) 테니스를 쳐.

해설 주어가 3인칭 단수일 때, 일반동사의 현재형은 대부분 동사원형 뒤에 -(e)s를 붙이고, 부정문은 「doesn't[does not] + 동사원형」의 형태로 쓴다.

25 일반동사의 과거형 / 동사의 시제

해석 수호와 나는 어제 콘서트를 열었다. 처음에, 나는 몇몇 실수를 했다. 그러나 후에, 나는 기타를 잘 연주했다. 수호는 훌륭했다. 모든 사람들이 미소를 지었고 콘서트를 즐겼다. 수호와 나 역시 즐거웠다.

해설 2행: make의 과거형 동사는 made이다. (maked → made)
4행: 과거시제의 글이므로 enjoy를 과거형으로 써야 한다. (enjoy → enjoyed)

어휘 make a mistake 실수를 저지르다

UNIT 02 | 모의고사

2회

1 ② 2 ② 3 ⑤ 4 ⑤ 5 ② 6 ② 7 ⑤ 8 ① 9 ⑤ 10 ③
11 ⑤ 12 ④ 13 ② 14 ③ 15 ① 16 ④ 17 ② 18 ④
19 ② 20 ④ 21 1) don't like 2) like 3) Do you like
4) I do 22 1) ate 2) read 3) watched 4) played
23 3행: Do → Did 4행: give → gave 24 1) he is not (eating lunch), is reading a book 2) Is the girl listening to music, she is (listening to music) 25 1) studies Japanese
2) washes his dad's car

01 일반동사의 의문문

해석 A: Jackson은 영화를 좋아하니?
B: _____ 그는 매주 주말에 극장에 가.

해설 ② 일반동사의 의문문의 주어가 3인칭 단수이고 현재 시제이므로, 대답할 때 does를 써야 한다. 긍정의 대답은 Yes, he does., 부정의 대답은 No, he doesn't.이며 B의 이어지는 말을 보면 긍정의 대답이 적절하다.

02 현재시제

해석 Jessica는 _____ 요가를 한다.
① 매일 ② 작년에 ③ 일요일마다 ④ 일주일에 두 번
⑤ 매일 아침 10시에

해설 주어진 문장의 does는 일반동사의 현재형으로, 과거를 나타내는 부사 ② last year와 함께 쓰일 수 없다.

어휘 do yoga 요가를 하다

03 일반동사의 현재형

해석 _____는(은) 매일 밤 뉴스를 본다.

해설 watches는 3인칭 단수인 주어와 쓰이는 동사의 현재형이므로 3인칭 복수인 e. My grandparents와 f. The students는 쓰일 수 없다.

어휘 grandparents 조부모님

04 일반동사의 의문문

해석 ① A: James는 어제 도서관에 갔니? B: 아니, 안 갔어.
② A: 너는 버스를 타고 학교에 가니? B: 아니, 그렇지 않아.
③ A: Jessica는 꽃을 좋아하니? B: 응, 좋아해.
④ A: 이 기차는 부산으로 가나요? B: 네, 그래요.
⑤ A: 너와 네 남동생은 즐거운 시간을 보냈니? B: 응, 그래.

해설 ⑤ 과거시제인 Did로 묻고 있으므로 대답도 과거시제를 써야 한다. (Yes, we do. → Yes, we did.)

05 동사의 시제

해석 ② 상점은 밤 10시에 문을 닫는다.

해설 ① like처럼 〈감정〉을 나타내는 동사는 진행형으로 쓸 수 없다. (am liking → like) ③ last night는 과거시제나 과거진행형과 어울리는 표현이다. (am reading → was reading) ④ yesterday는 과거시제와 어울리는 부사이다. (isn't → wasn't) ⑤ 역사적 사실은 과거시제를 써야 한다. (breaks → broke)

어휘 magazine 잡지 break out 발발[발생]하다

06 과거시제

해석 A: 너는 어제 무엇을 했니? B: 나는 Timmy와 _____.
① 이야기했다 ② 농구를 하다 ③ 쇼핑을 갔다 ④ 아침을 먹었다
⑤ 과학을 공부했다

해설 ② 일반동사 과거형의 의문문을 사용하여 질문하고 있으므로 대답할 때에도 과거형이 와야 한다. (play basketball → played basketball)

07 현재진행형 / 현재시제

해석 a. 지금 라디오 듣고 있어요? b. 우리는 주말에 학교에 가지 않는다.

해설 a. 현재진행형을 만드는 listening이 와야 한다. / b. don't는 일반동사 현재형의 부정문이므로 과거나 미래를 나타내는 부사와는 어울리지 않는다.

08 조동사 will / 일반동사의 의문문

해석 a. 우리 학교는 학생들을 위한 축제를 열 것이다. b. 어제밤 가족들과 즐거운 시간을 보냈니?

해설 a. 조동사 will 뒤에는 항상 동사원형이 온다. / b. 과거형 일반동사의 의문문은 「Did + 주어 + 동사원형 ~?」으로 쓴다.

09 일반동사의 의문문

해석 그녀는 세 개의 언어를 말한다.
⑤ 그녀는 세 개의 언어를 말하니?

해설 ⑤ 주어가 3인칭 단수일 때, 현재형 일반동사의 의문문은 「Does + 주어 + 동사원형 ~?」의 형태로 만든다.

10 일반동사의 부정문 / 일반동사의 의문문 / 현재진행형

해석 ① 나는 파란 셔츠가 마음에 들었다. → 나는 파란 셔츠가 마음에 들지 않았다. ② 너는 내 말을 듣고 있다. → 너는 내 말을 듣고 있지 않다. ③ 유미는 그녀의 남자친구에게 말하고 있다. ④ 아이들은 함께 게임을 했다. → 아이들은 함께 게임을 했니? ⑤ 그 빵집은 오전 8시에 연다. → 그 빵집은 오전 8시에 열지 않는다.

해설 ③ 주어진 문장은 현재진행형으로, 의문문은 「Be동사 + 주어 + v-ing ~?」의 형태로 만든다. (Does Yumi talking to her boyfriend? → Is Yumi talking to her boyfriend?)

11 진행형

해석 ① 그는 말을 타고 있었다. ② 그녀는 화장을 하고 있다. ③ 나는 운동장에서 뛰고 있지 않았다. ④ 너는 사회를 공부하고 있니?

해설 ⑤ 동사 swim처럼 「단모음 + 단자음」으로 끝나는 동사의 v-ing형은 자음을 한 번 더 쓰고 -ing를 붙인다. (swiming → swimming)

어휘 put on one's makeup 화장을 하다   social studies (학교 교과) 사회   across ~을 가로질러

12 일반동사

해석 ① 너는 어디에서 살았니? ② 나는 사실을 알지 못했다. ③ Ian은 어젯밤에 외출하지 않았다. ④ 나는 어제 숙제를 했다. ⑤ 그녀는 질문을 이해했니?

해설 ④의 did는 '하다'라는 뜻의 일반동사 do의 과거형이고, 나머지 문장의 did(Did)는 모두 일반동사 과거형의 부정문이나 의문문을 만들 때 사용하는 조동사이다.

어휘 truth 사실, 진실   go out 외출하다   understand 이해하다

13 현재진행형과 조동사 be going to

해석 ① 나중에 비가 내릴 것이다. ② 그녀는 병원에 가고 있다. ③ Jenny는 그녀의 삼촌을 방문할 것이다. ④ 민수는 전주로 이사할 것이다. ⑤ 아빠는 우리를 위해 저녁을 요리하실 것이다.

해설 ②의 밑줄 친 부분은 「be동사의 현재형 + v-ing」의 현재진행형으로 '~에 가고 있다'의 의미이고, 나머지 밑줄 친 부분은 미래를 나타내는 조동사 「be going to + 동사원형」으로 '~할 것이다'의 의미이다.

14 동사의 시제

해석 내 동료 Jina가 지난 주말에 우리를 자기의 새 집으로 초대했어. 그녀는 요리를 좋아하고 잘해. 그녀는 그날 우리를 위해 맛있는 식사를 요리해 주었고 우리는 정말 맛있게 먹었어. 정말 좋은 주말이었어.

해설 ③ On that day는 글에서 지난 주말을 나타내므로 is cooking을 과거시제로 고쳐야 한다. (is cooking → cooked)

15 동사의 시제

해석 ② 그 아이는 신발끈을 묶고 있다. ③ 그 아기는 머리를 부딪쳐서 울었다. ④ 엄마는 지금 샌드위치를 만들고 계신다. ⑤ 나의 오빠는 매일 아침 체육관에 간다.

해설 ① two hours ago(두 시간 전)는 과거를 나타내는 표현으로 과거형 동사와 어울린다. (is ending → ended)

어휘 tie 묶다   shoelace 구두[신발]끈   gym 체육관

16 일반동사의 부정문 / 동사의 시제 / 일반동사의 의문문

해석 ① Jenny는 치마를 입지 않는다. ② 어제 누군가 테이블 위의 파이를 먹었다. ③ 너는 너의 책을 상자 안에 보관하니? ⑤ 우리 가족은 지난 주말에 소풍을 갔다.

해설 ④ last night(어젯밤)은 과거를 나타내는 표현으로 과거진행형을 써야 한다. (is talking → was talking)

어휘 go on a picnic 소풍을 가다

17 일반동사의 과거형

해석 (A) 나는 어제 손가락을 베었다. (B) 그녀는 지난 주말에 치마를 샀다. (C) 우리는 함께 크리스마스 캐롤을 불렀다.

해설 ② cut의 과거형은 cut이고, buy의 과거형은 bought이며, sing의 과거형은 sang이다.

18 동사의 시제 / 조동사

해석 내 친구 Daisy가 다음 달에 서울에 올 거야. 그녀는 지금 LA에 살아. 그녀는 한국 음식과 K-pop을 좋아해. 나는 그녀를 멋진 한국 식당에 데려갈 거야. 그리고 우리는 쇼핑을 갈 거야. 그녀는 우리 가족과 함께 지낼 예정이야. 나는 그것에 대해 정말 기뻐.

해설 (A) now는 현재시제나 현재진행형과 어울리는 부사이다. / (B) next month(다음 달)에 일어날 미래의 일이므로 will take가 적절하다. / (C) '~할 것이다, ~할 예정이다'의 의미인 미래의 일은 be going to로 나타낸다.

19 일반동사의 과거형 / There + be동사 / be동사의 과거형

해석 지난주, 나는 남동생의 학교에 갔다. 축구 경기가 있었다. 그것은 오후 4시에 시작되었다. 경기는 정말 흥미로웠다. 남동생의 팀이 경기에서 승리했다.

해설 ⓑ 주어가 단수명사(a soccer game)이기 때문에, 복수형 be동사 were는 단수형 be동사인 was로 고쳐야 한다. (were → was) / ⓔ 과거시제이므로 동사를 과거형으로 써야 한다. 동사 win의 과거형은 won이다. (win → won)

어휘 win 이기다, 승리하다

20 일반동사 / 동사의 시제

해석 b. Kate는 언제나 모두에게 친절하다. d. 그녀는 Rubén과 스페인어로 말하고 있니? e. 나는 꽃병을 사서 그것을 식탁 위에 놓았다.

해설 a. 주어가 복수일 경우 일반동사 현재형의 부정문은 「do not + 동사원형」의 형태로 쓴다. (not use → don't[do not] use) / c. 일반동사 과거형의 의문문은 「Did + 주어 + 동사원형 ~?」의 형태로 만든다. (Did you did → Did you do)

어휘 laundry 세탁   vase 꽃병

21 일반동사

해석 Lucy: 나는 요리하는 것을 1) 좋아하지 않아. 넌 어때?

Ava: 난 요리하는 것을 좋아해. 그리고 노래하는 것도 2) 좋아해. 넌 뭘 좋아하니?

Lucy: 나는 TV 보는 것과 피아노 치는 것을 좋아해. 넌 피아노 치는 것을 3) 좋아하니?

Ava: 응, 4) 좋아해. 우리 둘 다 그것을 좋아하는구나.

해설 1) 주어가 1인칭 단수일 때, 일반동사 현재형의 부정문은 「don't[do not] + 동사원형」의 형태로 만든다.

2) 주어가 1인칭 단수일 때, 일반동사 현재형은 동사원형 그대로 쓴다.

3) 주어가 2인칭 단수일 때, 일반동사 현재형의 의문문은 「Do + 주어 + 동

사원형 ~?」의 형태로 만든다.

4) 일반동사의 의문문의 주어가 2인칭 단수이고 현재 시제이므로, 대답할 때 do를 써야 한다. 긍정의 대답은 Yes, I do.이다.

22 일반동사의 과거형

[해석] 지난 방학에, 나는 몇 가지 좋은 일들을 했다. 나는 매일 아침을 1) 먹었고 책을 많이 2) 읽었다. 나는 안 좋은 일들도 했다. 나는 TV를 너무 많이 3) 봤고 컴퓨터 게임을 너무 자주 4) 했다.

[해설] 지난 방학에 했던 일들을 나열하고 있으므로, 주어진 동사들을 모두 과거형으로 써야 한다. 1) eat의 과거형은 ate, 2) read의 과거형은 read, 3) watch의 과거형은 watched, 4) play의 과거형은 played이다.

23 동사의 시제 / 일반동사

[해석] A: 그것들은 멋진 신발이구나! B: 고마워.
A: 네가 그것들을 샀니? B: 아니, 우리 부모님께서 생일 선물로 주셨어.

[해설] 3행: 과거시제이므로 과거형 의문문인 「Did + 주어 + 동사원형」의 형태로 써야 한다. (Do → Did)
4행: 과거시제이므로 과거형 일반동사로 써야 한다. (give → gave)

24 현재진행형

[해석] 1) 질문: 소년은 점심을 먹고 있니? 대답: 아니, 그렇지 않아. 그는 책을 읽고 있어.
2) 질문: 소녀는 음악을 듣고 있니? 대답: 응, 그래.

[해설] 1) 현재진행형인 「be동사의 현재형 + v-ing」의 형태를 사용해서 문장을 완성한다. 주어가 3인칭 단수이므로 현재진행형의 의문문에 대한 긍정의 대답은 「Yes, 주어 + is」로, 부정의 대답은 「No, 주어 + is + not」으로 한다.
2) 현재진행형의 의문문은 「be동사의 현재형 + 주어 + v-ing ~?」로 쓴다.

25 일반동사의 현재형

[해석]

나의 주말	
토요일	• Jay와 농구하기
	• 남동생의 숙제 도와주기
일요일	• 일본어 공부하기
	• 아빠 차 세차하기

토요일마다, Josh는 Jay와 함께 농구를 한다. 그는 또한 남동생의 숙제를 도와준다. 일요일마다, 그는 1) 일본어를 공부한다. 그는 또한 2) 아빠의 차를 세차한다.

[해설] Josh의 주말 일정과 같이 습관이나 반복되는 일은 현재시제로 나타낸다. 주어가 3인칭 단수이므로 동사의 형태가 변한다.
1) study처럼 「자음 + y」로 끝나는 동사는 y를 i로 바꾸고 -es를 붙인다.
2) wash처럼 -sh로 끝나는 동사는 끝에 -es를 붙인다.

UNIT 03 | 모의고사

1회

1 ① 2 ④ 3 ②, ⑤ 4 ③, ④ 5 ④ 6 ③ 7 ③ 8 ② 9 ④
10 ③ 11 ③ 12 ① 13 ⑤ 14 ① 15 ② 16 ④ 17 ③
18 ② 19 ⑤ 20 ② 21 1) X, to ride → riding 2) X, play → playing[to play] 3) O 4) O 22 spent two hours exploring the cave 23 1) running 2) bothering
24 1) to read[reading] 2) to change[I should change]
3) to become 25 1) There is nothing healthy to eat in your kitchen. 2) This elderly woman needs a chair to sit on[in]. 3) Kevin decided not to buy new shoes.

01 동명사의 목적어 역할

[해석] 나의 가족은 이 보드게임 하는 것을 _____.
① 원했다 ② 좋아했다 ③ 연습했다 ④ 끝냈다 ⑤ 즐겼다

[해설] ① want는 to부정사를 목적어로 쓰는 동사이다. ② like는 to부정사와 동명사 모두를 목적어로 쓰는 동사이고, 나머지는 모두 동명사를 목적어로 쓰는 동사이다.

02 의문사 + to부정사

[해설] '어디서 ~할지'의 의미는 「where to-v」이다.

03 to부정사의 목적어 역할

[해석] 그들은 박물관에서 만나는 것을[만나기로] _____.
① 포기했다 ② 결정했다 ③ 즐겼다 ④ 피했다 ⑤ 동의했다

[해설] ②의 decide와 ⑤의 agree는 모두 to부정사를 목적어로 쓰는 동사이다. give up, enjoy, avoid는 모두 동명사를 목적어로 쓰는 동사이다.

04 to부정사와 동명사

[해석] 그들은 계속해서 컴퓨터 게임을 했다.

[해설] continue는 to부정사와 동명사를 모두 목적어로 쓰는 동사이다.

05 to부정사

[해석] ① 어디로 가야 할지 말해 주세요. ② 나는 오늘 밤 자지 않기로 결심했다. ③ 우리는 너를 다시 보게 되어서 아주 행복하다. ⑤ 사람들 앞에서 노래하는 것은 쉽지 않다.

[해설] ④ to부정사의 수식을 받는 명사가 전치사의 목적어인 경우, 그 전치사를 생략할 수 없다. (to live → to live with)

12

06 동명사

해석 ① Tom과 나는 쇼핑하러 갔다.   ② 나의 아버지는 담배를 끊으셨다.
④ 나는 재미로 컵케이크를 구워봤다.   ⑤ 우리는 진주로 이사할 것을 고려
하고 있다.

해설 ③ learn은 to부정사를 목적어로 쓰는 동사이다. (learned making
→ learned to make)

어휘 candle 초, 양초   for fun 재미로

07 to부정사의 목적어 역할 / 동명사의 목적어 역할

해석 a. 나는 내 컴퓨터를 고치고 싶다.   b. 그녀는 줄을 서서 기다리는 것
을 상관하지 않는다.

해설 a. want는 to부정사를 목적어로 쓰는 동사이다. / b. mind는 동명
사를 목적어로 쓰는 동사이다.

어휘 fix 고치다   wait in line 줄을 서서 기다리다

08 to부정사의 명사적 용법

해석 ① 나는 너를 곧 다시 만나기를 희망한다.   ② 그들은 그 이야기를 들
어서 슬펐다.   ③ 그녀는 새로운 규칙을 따르는 것에 동의했다.   ④ 강에서
수영하는 것은 위험하다.   ⑤ 그의 꿈은 자기 소유의 식당을 갖는 것이다.

해설 ②의 밑줄 친 부분은 〈감정의 원인〉을 나타내는 부사적 용법의 to부정
사이고, 나머지는 모두 명사적 용법의 to부정사이다. (①과 ③ 동사의 목적
어, ④ 진주어, ⑤ 주격보어)

어휘 follow 따르다   rule 규칙   own 자기 자신의

09 의문사 + to부정사 / remember + to부정사 / stop + to부정사

해석 ① 그녀는 그를 어떻게 찾아야 할지 안다.   ② 너의 여권을 가지고 올
것을 기억해.   ③ 나는 누구와 데이트할지 결정할 수 없었다.   ④ Dave는 지
도를 보기 위해 멈췄다.   ⑤ 일요일에 무엇을 할지에 관해서 이야기해 보자.

해설 ④「stop to-v」는 '~을 하기 위해 멈추다'의 의미이다.

10 동명사 관용 표현 / to부정사의 목적어 역할 / to부정사의 형용사적
　　용법

해석 (A) Kate는 시험을 준비하느라 바쁘다.   (B) 나는 여기서 너를 만나
는 것을 기대하지 않았다.   (C) 우리는 이야기할 시간이 없다.

해설 (A)「be busy v-ing」는 동명사 관용 표현으로 '~하느라 바쁘다'의 의
미이다. / (B) expect는 to부정사를 목적어로 쓰는 동사이다. / (C) 명사
(time)를 수식하는 형용사적 용법의 to부정사가 적절하다.

어휘 prepare 준비하다

11 try + to부정사

해설 '~하려고 노력하다'의 의미는「try + to-v」로 나타낸다.

12 to부정사의 부사적 용법

해석 그는 축구를 하기 위해 공원에 갔다.
① 그들은 해야 할 숙제가 많다.   ② 나는 샤워하기 위해 옷을 벗었다.

③ 너는 경주에서 이기기 위해 열심히 연습했니?   ④ Eric은 뉴스를 보기 위
해 TV를 켰다.   ⑤ 나는 음식을 좀 사기 위해 슈퍼마켓에 들렀다.

해설 주어진 문장과 ②, ③, ④, ⑤의 밑줄 친 부분은 모두 〈목적〉을 나타
내는 부사적 용법의 to부정사이고, ①의 밑줄 친 부분은 앞에 있는 명사
homework를 수식하는 형용사적 용법의 to부정사이다.

어휘 take off ~을 벗다   race 경주   turn on ~을 켜다   stop by ~에
잠시 들르다

13 to부정사의 목적어 역할 / 동명사의 목적어 역할

해석 ① 그녀는 그 문제에 대해 논의하는 것을 거부했다.   ② 우리는 공원에
서 걷는 것을 좋아한다.   ③ 그는 영어 잡지를 읽는 것을 포기했다.   ④ 나는
그들을 돕기로 약속했다.

해설 ⑤ quit은 동명사를 목적어로 쓰는 동사이다. (to smoke →
smoking)

어휘 discuss 논의하다   magazine 잡지

14 동명사의 역할

해석 ① 그들은 땅을 파기 시작했다.   ② 너는 도서관에서 계속 공부할 수
있다.   ③ Jacob은 중국어를 배우는 것에 관심이 없다.   ④ 한 달에 5킬로
그램을 감량하는 것은 쉽지 않다.   ⑤ 그녀는 커튼을 교체하는 것에 대해서
생각 중이다.

해설 ①의 동명사(digging)는 동사의 목적어 역할을 한다.

어휘 dig in (땅을) 파다   ground 땅

15 동명사의 목적어 역할 / to부정사의 목적어 역할

해석 ① 차를 마시는 게 어때?   ② 나는 더 많은 새로운 경험을 하기를 희망
한다.   ③ 그들은 충성스러운 개를 가진 것에 대해 자랑스러워 한다.   ④ 너
는 그와 함께 저녁 먹은 것을 즐겼니?   ⑤ 그 부부는 아기를 가지는 것에 대
해서 생각 중이다.

해설 ② hope는 to부정사를 목적어로 쓰는 동사이므로, 빈칸에는 to
have가 들어가야 한다. ①, ③, ⑤ 전치사는 동명사를 목적어로 쓰고 ④
enjoy는 동명사를 목적어로 쓰는 동사이므로, 빈칸에는 모두 having이 들
어가야 한다.

어휘 loyal 충성스러운

16 동명사의 목적어 역할 / to부정사

해석 ① 그녀는 학교에서 그를 만나는 것을 피한다.   ② 네 이름을 발음하는
것은 어렵다.   ③ Jenny는 그 질문에 대답하는 것을 거부했다.   ⑤ 나는 이
기계를 어떻게 켜는지 잘 모르겠다.

해설 ④ to부정사의 부정은 to부정사 앞에 not을 붙여 나타낸다. (to not
think → not to think)

어휘 pronounce 발음하다

17 to부정사의 명사적 용법 / to부정사의 부정형 / 동명사의 목적어 역할

해석 b. 그녀는 일자리 제의를 받아들이지 않기로 결정했다.   d. 나는 내 남
동생과 노는 것을 싫어한다.

해설 a. to부정사가 문장에서 주어 역할을 할 경우 단수 취급한다. (are → is) / c. 동사 give up은 동명사를 목적어로 쓴다. (to write → writing)

18 의문사 + to 부정사 / stop + to부정사

해석 a. 어떻게 집에서 치즈를 <u>만드는지</u> 내게 말해줘.   b. Fred는 집으로 운전해가고 있었다. 그는 전화를 <u>걸기 위해</u> 멈추었다.

해설 a. 「의문사 + to-v」 구문으로, 「how to-v」는 '어떻게 ~하는지'의 의미이다. / b. 「stop to-v」는 '~하기 위해 멈추다'의 의미로 여기서의 to부정사는 목적을 나타내는 부사적 용법이다.

19 동명사의 목적어 역할 / 동명사 관용 표현

해석 a. 그는 그녀 앞에서 <u>웃는 것</u>을 피했다.   b. 그들은 그의 웃긴 농담에 웃지 않을 수 없다.

해설 a. avoid는 동명사를 목적어로 쓰는 동사이다. / b. 「can't help v-ing」는 '~하지 않을 수 없다'라는 의미의 동명사 관용 표현이다.

어휘 joke 농담

20 forget + to부정사 / 동명사 관용 표현

해석 아빠: John, 너 어디니?
John: 지금 집에 가는 길이에요. 왜 그러세요?
아빠: 우유를 <u>사는 것</u>을 잊었단다. 집에 오는 길에 좀 사다 주겠니?
John: 그럴게요. 아빠, 내일 저랑 <u>낚시하러</u> 가실래요?
아빠: 물론이지!

해설 '~하는 것을 잊다'라는 의미는 「forget + to부정사」로 나타내므로 첫 번째 빈칸에는 to buy가 와야 한다. '~하러 가다'라는 의미는 동명사 관용 표현인 「go v-ing」로 나타낸다.

21 to부정사 / 동명사

해석 3) 우리는 살기에 완벽한 집을 찾았다.   4) 그의 계획은 시도해 볼 만한 가치가 있다.

해설 1) keep은 동명사를 목적어로 쓰는 동사이다. (to ride → riding) / 2) like는 to부정사와 동명사를 모두 목적어로 쓴다. (play → playing[to play])

22 동명사 관용 표현

해설 '~하는 데 시간을 보내다'의 의미인 동명사 관용 표현 「spend + 시간 + v-ing」의 형태를 사용하여 문장을 완성한다.

어휘 explore 탐험하다   cave 동굴

23 stop + 동명사 / 동명사의 목적어 역할

해석 A: 이봐! 도서관에서 그만 1) <u>뛰어</u>.   B: 아, 2) <u>방해해서</u> 미안해. 다시는 그러지 않을게.

해설 1) stop은 동명사를 목적어로 쓰는 동사로, '~하는 것을 멈추다'의 의미이다.
2) 전치사는 동명사를 목적어로 쓰므로 bothering이 온다.

어휘 bother 방해하다

24 to부정사와 동명사 / 의문사 + to부정사

해석 1) Simon은 내 보고서를 <u>읽기</u> 시작했다.
2) 내가 어디서 옷을 갈아입어야 할지 말해주겠니?
3) 나는 어렸을 때 간호사가 <u>되기</u>를 희망했다.

해설 1) start는 동명사와 to부정사를 모두 목적어로 쓰는 동사이다.
2) 「where to-v」는 '어디서 ~할지'의 의미로, 「where + 주어 + should + 동사원형」으로 바꿔 쓸 수 있다.
3) hope는 to부정사를 목적어로 쓰는 동사이다.

25 to부정사

해석 1) 너의 주방에는 건강한 먹을 것이 아무것도 없다.
2) 이 노부인은 앉을 의자가 필요하다.
3) Kevin은 새 신발을 사지 않기로 결정했다.

해설 1) -thing, -one, -body로 끝나는 대명사를 형용사와 to부정사가 같이 꾸며주는 경우, 어순은 「-thing/-one/-body + 형용사 + to부정사」이다.
2) a chair가 전치사 on[in]의 목적어이기 때문에(sit on[in] a chair) 전치사를 생략하지 말고 써 주어야 한다.
3) to부정사의 부정은 to부정사 앞에 not을 붙여 나타낸다.

어휘 healthy 건강한   elderly 연세가 드신

UNIT 03 | 모의고사

2회

1 ④ 2 ① 3 ③, ④, ⑤ 4 ② 5 ② 6 ① 7 ④ 8 ② 9 ④
10 ④ 11 ⑤ 12 ③ 13 ④ 14 ⑤ 15 ⑤ 16 ④ 17 ⑤
18 ① 19 ⑤ 20 ①, ③ 21 1) feels like playing online
games 2) plans to do homework 3) wants to watch
a movie 22 2행: bringing → to bring / 3행: sharing →
to share / 5행: to chat → chatting 23 1) hate eating
2) decide, to wear 24 1) watching 2) not to go 3) to
buy 25 1) Do you go hiking every Sunday 2) They are
busy studying for the exam

01 to부정사의 명사적 용법

해석 바다에서 수영하는 것은 위험하다.

해설 가주어 It이 쓰였으므로, 빈칸에는 진주어 역할을 하는 to부정사가 들어가야 한다.

02 의문사 + to부정사

해석 이 복사기를 어떻게 사용하는지 보여줄래?

해설 '어떻게 ~할지'의 의미는 「how to-v」이다.

어휘 copy machine 복사기

03 to부정사의 목적어 역할

해석 아기들은 그들의 부모로부터 _____ 을 배운다.
① 말하기 ② 걷기 ③ 읽기 ④ 기기 ⑤ 서기

해설 learn은 to부정사를 목적어로 쓰는 동사이다.

어휘 crawl (엎드려) 기다

04 동명사 관용 표현 / 동명사의 목적어 역할

해석 그녀는 그녀의 가족 사진 찍는 것을 _____.
① 하고 싶었다 ② 계획했다 ③ 바빴다 ④ 계속 했다 ⑤ 그만뒀다

해설 ② plan은 to부정사를 목적어로 쓰는 동사이므로 빈칸에 들어갈 수 없다.

어휘 take a picture of ~의 사진을 찍다

05 의문사 + to부정사 / 의문사

해석 a. 이 탁자를 어디에 둘지 정하지 못하겠다. b. 실례합니다, 화장실이 어디죠?

해설 a. '어디에 ~할지'는 「where to-v」로 나타낸다. / b. '어디에'를 묻는 의문사는 where이다.

06 to부정사의 부사적 용법

해석 나는 디즈니랜드에 가게 되어 매우 신난다.
① 그녀는 네가 행복하기를 원한다. ② 나는 그 소식을 듣게 되어 유감이다.
③ 그녀는 그녀의 친구들을 만나서 행복했니? ④ George는 무대에서 노래 부르게 되어 겁이 났다. ⑤ 우리는 그를 파리에서 만나게 되어 놀랐다.

해설 주어진 문장과 ②, ③, ④, ⑤의 밑줄 친 부분은 모두 〈감정의 원인〉을 나타내는 부사적 용법의 to부정사이고, ①은 목적격보어로 쓰인 명사적 용법의 to부정사이다.

어휘 stage 무대 scared 겁먹은 surprised 놀란

07 to부정사의 명사적 용법

해석 나는 가족을 위해 요리하는 것을 좋아한다.
① 그 아기는 울기 시작했다. ② 그들은 여수에 가기로 계획했다. ③ 나는 배를 타고 일본에 가기로 선택했다. ④ 나의 목표는 유명한 모델이 되는 것이다. ⑤ 나의 오빠는 새 시계를 사기를 원한다.

해설 주어진 문장과 ①, ②, ③, ⑤의 밑줄 친 부분은 모두 문장에서 목적어 역할을 하는 to부정사이며, ④는 주격보어 역할을 한다.

08 의문사 + to부정사

해석 관리인은 어디에 크리스마스트리를 둘지 모른다.

해설 「의문사 + to부정사」는 「의문사 + 주어 + should + 동사원형」으로 바꿔 쓸 수 있다.

09 동명사 관용 표현

해석 ① 나는 책을 쓰느라 바쁘다. ② 너는 나와 함께 조깅 하러 갈래?
③ 그녀는 그와 사랑에 빠지지 않을 수 없었다. ⑤ 컴퓨터 게임을 하는 데 너무 많은 시간을 쓰지 마라.

해설 ④ feel like v-ing: ~하고 싶다 (go → going)

어휘 fall in love with ~와 사랑에 빠지다 amusement park 놀이공원

10 to부정사

해석 ① 비가 내리기 시작했다. ② 나는 눈을 깜빡이지 않으려 했다.
③ 나는 너에게 할 말이 있다. ⑤ 요리 후에 가스 밸브 잠글 것을 기억하세요.

해설 ④ to부정사(구)가 문장에서 주어 역할을 할 경우 항상 단수 취급하기 때문에, are는 단수형 be동사인 is로 고쳐야 한다. (are → is)

어휘 blink (눈을) 깜박이다

11 to부정사의 명사적 용법

해석 ① 그녀는 차를 사기를 원한다. ② 그는 금요일에 만나는 것을 동의했다. ③ 스페인에 가는 것은 나의 꿈이다. ④ 그의 계획은 캐나다에서 영어를 공부하는 것이다. ⑤ 우리는 책을 빌리기 위해 도서관에 갔다.

해설 ⑤의 밑줄 친 부분은 〈목적〉을 나타내는 부사적 용법의 to부정사이다.

12 to부정사의 목적어 역할 / 동명사의 목적어 역할

해석 b. 네 친구와 그만 수다 떨어라! c. 나는 그와 말다툼을 하는 것에 지친다. d. 그들은 고기를 먹는 것을 거부했다.

해설 a. like는 목적어로 to부정사나 동명사를 쓰는 동사이다. (dance → to dance[dancing]) / e. practice는 동명사를 목적어로 쓰는 동사이다. (to make → making)

어휘 chat with ~와 수다를 떨다 be tired of ~에 싫증이 나다, 지치다 argue with ~와 말다툼을 하다

13 remember + 동명사

해설 '(과거에) ~했던 것을 기억하다'라는 의미는 「remember + 동명사」로 나타낸다.

14 동명사의 목적어 역할

해석 ① 너는 야구하는 것에 능숙하니? ② 나는 과학을 공부하는 데에 흥미가 있다. ③ 나의 아버지는 퇴직하는 것을 고려하고 계신다. ④ 우리는 헬멧 없이 자전거를 타는 것을 피한다. ⑤ 그녀의 직업은 자동차를 수리하는 것이다.

해설 ⑤의 밑줄 친 동명사는 문장에서 보어 역할을 하며, 나머지는 모두 목적어 역할을 한다.

어휘 retire 퇴직[은퇴]하다

15 to부정사의 명사적 용법

해석 ① 우리는 예약을 할 필요가 있다. ② 나는 파티를 여는 것을 계획을 했다. ③ 그녀는 내게 편지를 보내야 할 것을 잊었다. ④ 나는 오늘밤 엄마를 돕기로 약속했다. ⑤ 그런 실수를 하다니 그는 어리석었다.

해설 ⑤의 to부정사는 〈판단의 근거·이유〉를 나타내는 부사적 용법의 to부정사이고, 나머지는 동사의 목적어로 쓰인 명사적 용법의 to부정사이다.

어휘 make a reservation 예약하다 silly 어리석은, 멍청한

16 to부정사의 부정형 / 가주어 it / to부정사의 형용사적 용법

해석 (A) 그들은 다시는 늦지 않겠다고 약속했다. (B) 그녀와 함께 이야기하는 것은 재미있었다. (C) 너는 중요한 말할 거리가 있니?

해설 (A) to부정사의 부정형은 「not + to부정사」이다. / (B) to부정사 주어가 길어지는 경우 to부정사를 뒤로 보내고, 그 자리에 가주어 It을 쓴다. / (C) -thing, -one, -body로 끝나는 대명사는 형용사와 to부정사가 같이 꾸며주는 경우, 「-thing/-one/-body + 형용사 + to부정사」의 어순으로 쓴다.

17 to부정사의 명사적, 부사적 용법 / 동명사 관용 표현

해석 (A) 이 씨는 배우가 되기 위해 미국으로 갔다. (B) 수지는 자신의 영화를 촬영하느라 바쁘다. (C) 그의 수업을 이해하는 것은 어렵다.

해설 (A) 의미상 〈목적〉을 나타내는 부사적 용법의 to부정사가 들어가야 한다. / (B) be busy v-ing: ~느라 바쁘다 / (C) 가주어 It이 문장 앞에 쓰였으므로, 빈칸에는 진주어 역할을 하는 to부정사가 들어가야 한다.

어휘 film 촬영하다

18 동명사의 역할 / to부정사의 형용사적, 부사적 용법

해석 a. 전시회를 계획하는 것은 쉬운 일이 아니다. b. 나는 이번 주말에 할 일이 없다. c. Hannah는 그녀의 개를 찾게 되어 행복했다. d. 나는 질문을 하기 위해 그녀에게 전화했다.

어휘 exhibition 전시회

19 to부정사의 목적어 역할 / 의문사 + to부정사 / 동명사의 목적어 역할

해석 a. 그는 나에게 그의 노트를 빌려주기를 거절했다. b. 나는 언제 버튼을 눌러야 할지 몰랐다. c. Amanda는 혼자 있는 것을 정말 싫어한다. d. 담배 피우는 것을 끊는 게 어때?

해설 a. refuse는 to부정사를 목적어로 쓰는 동사로, 문맥상 빈칸에는 ③ to lend가 들어가는 것이 적절하다. / b. 「when to-v」는 '언제 ~할지'의 의미로, 문맥상 빈칸에는 ④ to press가 들어가는 것이 적절하다. / c. hate는 to부정사와 동명사를 모두 목적어로 쓰는 동사로, 문맥상 빈칸에는 ① to be가 들어가는 것이 적절하다. / d. quit은 동명사를 목적어로 쓰는 동사로, 문맥상 빈칸에는 ② smoking이 들어가는 것이 적절하다.

어휘 lend 빌려주다 press 누르다

20 to부정사 / 동명사

해석 ① 늦게 와서 죄송합니다. ③ 그가 너에게 어디로 가야 할지 알려줄 것이다.

해설 ② 「can't help v-ing」는 '~하지 않을 수 없다'라는 의미의 동명사 관용 표현이다. (eat → eating) ④ to drink의 수식을 받는 a cup of water가 전치사 in의 목적어가 아니므로, in을 쓸 필요가 없다. (to drink in → to drink) ⑤ 결과를 나타내는 부사적 용법의 to부정사가 되어야 한다. (to being → to be)

21 to부정사와 동명사

해석 1) Sue는 이번 주말에 온라인 게임을 하고 싶다.
2) Lina는 이번 주말에 숙제를 할 계획이다.
3) Alex는 이번 주말에 영화를 보고 싶다.

해설 1) 「feel like v-ing」는 '~하고 싶다'라는 의미의 동명사 관용 표현이다.
2) plan은 to부정사를 목적어로 쓰는 동사이다.
3) want는 to부정사를 목적어로 쓰는 동사이다.

22 forget + to부정사 / to부정사의 목적어 역할 / 동명사의 목적어 역할

해석 오늘, 우리 반은 경주로 현장학습을 갔다. 나는 도시락을 가져가는 것을 잊었다. 그런데 내 친구 Jane이 그녀의 음식을 나눠 먹을 것을 제안했다. 나는 나중에 그녀에게 작은 선물을 사주겠다고 결심했다. 점심을 먹고, 우리는 친구들과 이야기하는 것을 즐겼다!

해설 2행: 문맥상 '(앞으로) ~할 것을 잊다'라는 의미의 「forget + to부정사」가 되어야 한다. (bringing → to bring)
3행: offer는 to부정사를 목적어로 쓰는 동사이다. (sharing → to share)
5행: enjoy는 동명사를 목적어로 쓰는 동사이다. (to chat → chatting)

23 to부정사와 동명사 / 의문사 + to부정사

해석 1) 아이들은 보통 야채 먹는 것을 싫어한다. 2) 그녀는 무엇을 입을지 결정할 수 없다.

해설 1) hate는 동명사와 to부정사를 모두 목적어로 쓰는 동사이다.
2) '무엇을 ~할지'의 의미인 「what to-v」를 이용하여 빈칸을 완성한다.

24 동명사 관용 표현 / to부정사의 부정형 / forget + to부정사

해설 1) '~할 가치가 있다'의 의미인 「be worth v-ing」의 형태를 사용하여 문장을 완성한다.
2) decide는 to부정사를 목적어로 쓰는 동사이고, to부정사의 부정은 to부정사 바로 앞에 not을 붙인다.
3) '(앞으로) ~할 것을 잊다'의 의미인 「forget + to부정사」의 형태를 사용하여 문장을 완성한다.

25 동명사 관용 표현

해설 1) '~하러 가다'라는 의미의 동명사 관용 표현은 「go v-ing」로 나타낸다.
2) '~하느라 바쁘다'의 의미인 「be busy v-ing」의 형태에 유의하여 단어를 배열한다.

1회

1 ③ 2 ② 3 ② 4 ①, ③ 5 ⑤ 6 ③ 7 ③ 8 ② 9 ③
10 ② 11 ② 12 ① 13 ③ 14 ① 15 ① 16 ②, ④
17 ③ 18 ②, ⑤ 19 ⑤ 20 ④ 21 will work, graduates
22 1) I want something cold 2) always feel thirsty in the summer 23 1) two glasses[cups] of water 2) little water
3) a little water 24 1) the most expensive 2) not as delicious as 25 1) a lunch → lunch 2) play the soccer
→ play soccer

01 명사의 복수형

해석 ① 아기 – 아기들 ② 아이 – 아이들 ④ 쥐 – 쥐들 ⑤ 늑대 – 늑대들

해설 ③ sheep의 복수형은 sheep이다.

02 셀 수 없는 명사

해석 테이블 위에 _____이(가) 있다.
① 펜들 ③ 숟가락들 ④ 책 세 권 ⑤ 커피 두 잔

해설 ② cheese는 셀 수 없는 명사로 항상 단수형으로 쓰며, 「a slice of ~」의 단위를 사용하여 수량을 표현한다. 복수는 「~ slices of」로 나타낸다. 복수형 동사 are가 있으므로 단수를 나타내는 cheese는 빈칸에 들어갈 수 없다.

03 이유를 나타내는 종속접속사

해석 나는 어제 아이스크림을 너무 많이 먹어서 배가 아프다.

해설 ② 배가 아픈 이유가 빈칸 뒤에 서술되어 있으므로, 빈칸에는 이유를 나타내는 종속접속사인 because가 들어가야 한다.

어휘 stomachache 복통

04 비교급 강조

해석 나의 차는 그녀의 것보다 훨씬 더 비싸다.

해설 more expensive는 '더 비싼'이라는 의미의 비교급 형용사로, '훨씬'의 의미인 much, still, a lot, far, even 등의 부사를 앞에 써서 비교급을 강조할 수 있다.

05 관사

해석 (A) 그녀는 바이올린을 연주하는 것을 좋아한다. (B) 태양은 그 행성들보다 더 크다. (C) 그녀는 종이 한 장과 펜 한 자루를 가지고 있다.

해설 (A) 악기(violin) 앞에는 항상 정관사 the를 써야 한다. / (B) 유일무이한 자연물(sun) 앞에는 항상 정관사 the를 써야 한다. / (C) 물질명사 paper는 셀 수 없는 명사로, piece를 사용하여 수량을 표현하며, 단수로 표현하고 싶을 경우 「a piece of ~」로 쓴다.

어휘 planet 행성

06 수량형용사

해석 (A) 나는 시간이 많지 않아서 점심을 걸렀다. (B) 교실에 몇 명의 학생들이 있다. (C) 그는 운이 거의 없어서 일자리를 얻지 못했다.

해설 (A) time은 셀 수 없는 명사로 much를 써야 한다. / (B) students는 셀 수 있는 명사의 복수형으로 a few가 와야 한다. / (C) luck은 셀 수 없는 명사로 little이 와야 한다.

어휘 skip 거르다, 생략하다

07 비교

해석 ① 그녀는 평소보다 더 일찍 잠자리에 들었다. ② 이 소설은 저것만큼 재미있다. ④ 이 의자는 저것보다 훨씬 더 편하다. ⑤ 너희 학교에서 가장 키가 큰 학생은 누구니?

해설 ③ '가장 ~한 … 중의 하나'는 「one of the + 최상급 + 복수명사」이므로 city를 복수형으로 고쳐야 한다. (city → cities)

어휘 comfortable 편안한

08 부사의 형태

해석 a. 그녀는 여행하기 위한 돈을 모으려고 열심히 일했다. b. 나는 그를 거의 알지 못한다. 나는 그와 얘기해 본 적이 한 번도 없다.

해설 a. 빈칸에는 '열심히'라는 뜻의 부사 hard가 와야 한다. / b. 빈칸에는 문맥상 '거의 ~않는'이라는 뜻의 부사 hardly가 와야 한다.

09 이유를 나타내는 종속접속사

해석 ① Adam은 늦게 일어났기 때문에 버스를 놓쳤다. ② 비가 많이 내리기 때문에 우리는 안에 있어야 한다. ③ 방이 너무 더웠고, 그래서 나는 에어컨을 켰다. ④ 나는 어젯밤에 잠을 잘 못 잤기 때문에 졸리다. ⑤ 그는 차가 막혔기 때문에 늦었다.

해설 ③의 빈칸 뒤에는 결과를 나타내는 내용이 이어지므로 '그래서'라는 뜻의 등위접속사 so가 적절하다.

어휘 air conditioner 에어컨 traffic 교통(량)

10 비교

해석 ① 그녀의 여동생은 그녀보다 훨씬 키가 크다. ③ Hugh는 David보다 더 잘생겼다. ④ 이곳은 세계에서 가장 더운 곳이다. ⑤ 기말고사는 중간고사보다 쉬웠다.

해설 ② '~만큼 …한[하게]'의 의미는 「as + 원급 + as」로 나타낸다. (bigger → big)

어휘 final exam 기말고사 midterm exam 중간고사

11 시간, 장소를 나타내는 전치사

해석 ① 나는 1999년에 태어났다. ② 우리는 일요일에 수업이 없다. ③ 꽃병에 몇 송이의 꽃이 있다. ④ 송 씨는 한국에서 유명한 가수이다. ⑤ 나뭇잎들은 가을에 노랗고 빨갛게 된다.

해설 ② 요일 앞에 쓰는 전치사는 on이다. 나머지 빈칸에는 모두 전치사 in이 들어간다.

12 등위접속사

해석 ① 나는 아팠고 그래서 일찍 집에 왔다. ② Amy는 예쁘지는 않지만 귀엽다. ③ 나의 아버지는 낚시하는 것을 좋아하시지만 나는 그렇지 않다. ④ 그는 늦게 일어났지만 직장에 늦지 않았다. ⑤ 그녀는 디저트를 원했지만 돈을 충분히 갖고 있지 않았다.

해설 ①의 빈칸에는 등위접속사 so가 들어가고, 나머지 빈칸에는 모두 but이 들어간다.

어휘 enough 충분한

13 구 전치사

해석

Donna의 일정	
오후 1시 – 2시	Tina와 점심 먹기
오후 2시 – 4시	도서관에서 공부하기
오후 4시 – 5시	친구들과 축구하기

Donna는 오후 2시와 4시 사이에 도서관에서 공부를 할 것이다.

해설 일정표를 보면 Donna가 도서관에서 공부하는 것은 오후 2시와 4시 사이임을 알 수 있다. 따라서, 빈칸에는 '~사이에'의 의미인 between이 들어가야 한다.

14 빈도부사 / 수량형용사 / 형용사 / 최상급 비교

해석 ① 나는 너를 위해 항상 그곳에 있을게.

해설 ② a few는 '(수가) 약간의'의 의미로, 뒤에 셀 수 있는 명사가 와야 한다. money는 셀 수 없는 명사이므로 a few는 '(양이) 약간의'의 의미인 a little로 고쳐야 한다. (a few → a little) ③ something처럼 -thing으로 끝나는 대명사는 형용사가 뒤에서 수식한다. (expensive something → something expensive) ④ usually와 같은 빈도부사는 일반동사 앞에 위치한다. (go usually → usually go) ⑤ '가장 ~한'이라는 의미는 「the + 최상급」의 형태로 나타낸다. 형용사 popular의 최상급은 most popular이므로 more를 most로 고쳐야 한다. (the more popular → the most popular)

15 명사절을 이끄는 종속접속사

해석 ① 저 사람이 네 여동생 Kelly니? ② 그녀는 자신이 그에 관한 모든 것을 알고 있다고 생각한다. ③ 그가 의사가 되었다는 것은 놀라웠다. ④ 문제는 내가 이 책을 한국에서 살 수 없다는 것이다. ⑤ 내가 집에 돌아왔다는 것이 나의 가족을 놀라게 했다.

해설 ①의 밑줄 친 that은 멀리 있는 사람이나 사물을 가리킬 때 쓰는 지시대명사이고, 나머지 밑줄 친 that은 모두 명사절을 이끄는 종속접속사이다.

어휘 amazing 놀라운   surprise 놀라게 하다

16 형용사와 부사
해석 그 기차는 가끔 늦게 도착한다.
① 이것은 아름다운 드레스이다.   ② 치타는 정말 빠르게 달릴 수 있다.
③ George는 열심히 일하는 사람이다.   ④ 나는 오늘 아침에 일찍 일어났다.   ⑤ 이 카페는 높은 천장을 가지고 있다.
해설 주어진 문장과 ②, ④의 밑줄 친 부분은 문장에서 부사 역할을 하며, ①, ③, ⑤의 밑줄 친 부분은 문장에서 형용사 역할을 한다.

17 수량형용사 / 빈도부사 / 전치사 / 물질명사의 수량 표현
해석 a. 내 배낭에 몇 자루의 펜이 있다.   c. 오후에 쇼핑몰에 가자.
해설 b. usually와 같은 빈도부사는 be동사 뒤에 위치해야 한다. (is wearing usually → is usually wearing) / d. 물질명사 paper는 셀 수 없는 명사로 항상 단수형으로 쓰며 단위(piece)를 써서 수량을 나타낸다. (papers → paper)
어휘 backpack 배낭

18 수량형용사 / 전치사 / 조건을 나타내는 부사절에서의 시제 / 최상급 비교 / 종속접속사
해석 ② 설날에 스키 타러 가자.   ⑤ 네가 사과할 때까지 너와 말하지 않을 것이다.
해설 ① advice는 셀 수 없는 명사로 '(양이) 약간의'의 의미인 a little과 함께 쓰여야 한다. a few는 뒤에 셀 수 있는 명사의 복수형이 온다. (a few advice → a little advice)   ③ If절과 같이 조건을 나타내는 접속사가 이끄는 부사절에서는 미래시제 대신 현재시제를 쓴다. (will meet → meet)   ④ tall처럼 1음절 단어는 뒤에 -est를 붙여 최상급을 만든다. (the most tall → the tallest)
어휘 advice 조언   truth 진실, 사실   apologize 사과하다

19 셀 수 없는 명사 / 원급 비교 / 전치사 / 형용사
해석 c. 나는 이 그림을 벽에 걸 것이다.   d. 그녀는 달콤한 것을 원한다.
해설 a. happiness(행복)는 추상명사로, 셀 수 없는 명사이므로 앞에 부정관사 a를 쓸 수 없다. (A happiness → Happiness) / b. 「as + 원급 + as」의 부정형은 「not as + 원급 + as」이다. (as not big as → not as big as)
어휘 happiness 행복   hang 걸다, 매달다   sweet 달콤한

20 항상 복수 취급하는 명사 / 부사의 형태 / 비교 / 조건을 나타내는 부사절에서의 시제
해석 ① 내 새 바지는 편하다.   ② 네 남동생은 최근에 어떻게 지내니?
③ 수진이는 그녀의 반에서 가장 똑똑한 학생이다.   ⑤ 만약 네가 내일 나를 방문한다면 내가 저녁을 살게.
해설 ④ '~만큼 …한' 이라는 의미의 원급 비교는 「as + 원급+ as」로 나타내므로 cold가 와야 한다. (as colder as → as cold as)

21 시간을 나타내는 부사절에서의 시제
해설 시간을 나타내는 접속사(after)가 이끄는 부사절에서는 미래시제 대신 현재시제를 쓴다.
어휘 lawyer 변호사   graduate 졸업하다

22 형용사 / 빈도부사
해석 A: 나 목이 말라. 1) 나는 시원한 뭔가를 원해.   B: 나도 그래. 2) 난 여름에는 항상 목마름을 느껴.   A: 그건 우리가 땀을 많이 흘리기 때문이야.
해설 1) 「something + 형용사」의 어순에 유의하여 단어를 배열하도록 한다.
2) 빈도부사는 일반동사의 앞에 위치한다는 사실에 유의하여 단어를 배열하도록 한다.
어휘 sweat 땀을 흘리다

23 물질명사의 수량 표현 / 수량형용사
해설 1) 물질명사 water는 단위(glass 또는 cup)를 써서 수량을 나타내며, 둘 이상의 수량은 단위를 복수형으로 쓴다.
2) 셀 수 없는 명사(water) 앞에서 '(양이) 거의 없는'을 뜻하는 것은 little 이다.
3) 셀 수 없는 명사(water) 앞에서, '(양이) 조금의'를 뜻하는것은 a little 이다.

24 최상급 비교 / 원급 비교
해석 나는 우리 마을에 있는 세 곳의 식당을 비교했다. 먼저, 1) Steak House는 우리 마을에서 가장 비싼 스테이크를 제공한다. 나는 그들의 서비스를 좋아하지만 2) 그들의 스테이크는 Beef World의 스테이크만큼 맛있지는 않다.
해설 1) expensive와 같이 3음절 이상의 단어는 앞에 the most를 붙여 최상급을 만든다.
2) '~만큼 …하지 않은'을 의미하는 「not as + 원급 + as」의 형태를 이용하여 빈칸을 완성한다.
어휘 price 가격   taste 맛   compare 비교하다   serve 제공하다

25 관사
해석 나는 다음 주에 일정이 바쁘다. 월요일에 나는 Anna와 점심을 먹을 것이다. 그리고 나서 수요일에는 치과에 갈 것이다. 토요일에는 친구들과 축구를 할 것이다.
해설 1) lunch와 같은 식사 이름 앞에는 관사 a(n)를 쓰지 않는다. (a lunch → lunch)
2) soccer와 같은 운동경기 이름 앞에는 관사를 쓰지 않는다. (play the soccer → play soccer)
어휘 schedule 일정   dentist 치과

나타내는 종속접속사 because가 들어가야 한다. / b. 문맥상 빈칸에는 '만일 ~한다면'의 의미인 종속접속사 if가 들어가야 한다.

UNIT 04 | 모의고사

2회

1 ⑤ 2 ④ 3 ④ 4 ② 5 ③ 6 ④ 7 ④ 8 ⑤ 9 ② 10 ①
11 ④ 12 ⑤ 13 ③ 14 ② 15 ②, ③ 16 ①, ③ 17 ①
18 ③ 19 ①, ④ 20 ⑤ 21 1) reading 2) beautifully
22 1) during 2) on 3) for 4) at 23 sometimes plays
tennis with his mother 24 a glass[cup] of water
25 1) the worst 2) longer than 3) long as

01 한 쌍을 이루는 명사의 수량 표현
[해석] 나는 새 _____ 하나를 사야 한다.
① 가위 ② 선글라스 ③ 신발 ④ 청바지 ⑤ 시계
[해설] ⑤ 한 쌍을 이루는 명사는 pair를 이용해 수량을 나타낸다. watch는 한 쌍을 이루는 명사가 아니다.

02 구 전치사
[해석] ① 예쁜 소녀가 William 옆에 서 있다. ② 독도는 한국과 일본 사이에 있다. ③ 엄마는 오전 9시부터 오후 6시까지 일하신다. ④ 나는 너를 서점 앞에서 기다리고 있다. ⑤ 주유소 맞은 편에 빵집이 있다.
[해설] ④ in front of는 '~앞에'라는 뜻이다.
[어휘] gas station 주유소

03 물질명사의 수량 표현
[해석] a. 나는 팬케이크를 만들기 위해 우유 한 잔과 계란 두 개가 필요하다.
b. 테이블 위에 너와 남동생을 위한 빵 두 조각이 있다.
[해설] a. 빈칸 앞에 정관사 a가 있으므로 한 개의 수량을 나타냄을 알 수 있다. 따라서 a cup of milk의 형태가 되어야 한다. / b. 빈칸 앞에 two가 있으므로 둘 이상의 수량을 나타내야 한다. 따라서 단위를 복수형으로 써서 two pieces of bread의 형태가 되어야 한다.

04 형용사와 부사
[해석] a. 그것은 쉬운 문제였다. b. 너는 그 문제를 쉽게 풀 수 있다.
[해설] a. 뒤의 명사를 수식하는 형용사(easy)가 들어가야 한다. / b. 앞의 동사(solve)를 수식하는 부사(easily)가 들어가야 한다.

05 이유, 조건을 나타내는 종속접속사
[해석] a. 내가 그녀의 케이크를 먹었기 때문에 그녀는 나에게 화가 났다.
b. 네가 시간이 있다면 너를 만나고 싶어.
[해설] a. 그녀가 화가 난 이유가 빈칸 뒤에 서술되었으므로, 빈칸에는 이유를

06 관사 / 물질명사의 수량 표현
[해석] ④ Kate는 부모님을 위해 피아노를 연주할 것이다.
[해설] ① Seoul과 같은 고유명사 앞에는 관사를 쓸 수 없다. (a Seoul → Seoul) ② orange와 같은 모음 소리로 시작하는 단어 앞에는 부정관사 an을 써야 한다. (a orange → an orange) ③ 물질명사 cheese는 셀 수 없는 명사로, 단위 slice를 사용하여 수량을 나타낸다. 하나는 a slice of로 쓰며, 둘 이상일 때 단위를 복수형으로 쓴다. (a slices of → a slice of) ⑤ breakfast와 같은 식사 이름 앞에는 관사를 쓰지 않는다. (the breakfast → breakfast)

07 형용사와 부사
[해석] ④ 이해할 수가 없어. 넌 너무 빨리 말해.
[해설] ① 주어 This bag에 대한 보충 설명을 하는 형용사가 와야 한다. (cheaply → cheap) ② 문맥상 '곧'을 의미하는 부사 shortly가 와야 한다. short은 형용사로 '짧은'의 의미이다. (short → shortly) ③ 뒤의 명사 dog를 수식하는 형용사가 와야 한다. (largely → large) ⑤ 대명사 anything을 뒤에서 수식하는 형용사가 와야 한다. (warmly → warm)

08 빈도부사
[해설] sometimes(가끔)와 같은 빈도부사는 일반동사 앞에 위치해야 한다.

09 최상급 비교
[해설] '가장 ~한 … 중의 하나'는 「one of the + 최상급 + 복수명사」라고 쓴다.

10 원급 비교
[해설] '~만큼 …한[하게]'을 의미하는 것은 「as + 원급 + as」이다. 따라서, 빈칸에는 원급 형용사인 ① hot이 들어가야 한다.

11 비교
[해석] ① 지민이는 유미만큼 나이가 들지 않았다. ② 지민이는 민준이보다 키가 훨씬 더 크다. ③ 민준이는 셋 중에서 가장 어리다. ④ 유미는 민준이만큼 키가 크지 않다. ⑤ 민준이는 유미보다 키가 더 작다.
[해설] 유미가 민준이보다 키가 더 크므로, ④의 문장은 표와 일치하지 않는다.

12 시간을 나타내는 전치사
[해석] a. 너는 5시간 동안 TV를 봤다. b. 그는 2013년에 캐나다로 갔다.
c. 7월 23일에 다시 보자. d. 저녁식사 후에 산책하러 가자.
[해설] a. 빈칸에는 '~동안'을 의미하는 전치사 for가 들어가야 한다. / b. 빈칸에는 연도 앞에 쓰이는 전치사 in이 들어가야 한다. / c. 빈칸에는 구체적인 날짜 앞에 쓰이는 전치사 on이 들어가야 한다. / d. 빈칸에는 문맥상 '~후에'를 의미하는 전치사 after가 들어가야 한다.
[어휘] take a walk 산책하다

13 장소를 나타내는 전치사

해석 ① 도서관은 공원 근처에 있다. ② 공원은 식당 맞은편에 있다. ③ 커피숍은 공원 안에 있다. ④ 병원은 식당과 극장 사이에 있다. ⑤ 선물 가게는 극장 뒤에 있다.

해설 커피숍은 공원 옆에 있으므로, ③의 문장은 The coffee shop is next to the park. 등으로 고쳐야 한다.

14 관사

해석 ① 나는 라디오 듣는 것을 좋아한다. ② 이 알약을 하루에 세 번 드세요. ③ 어제는 저녁 일곱 시에 달이 떴다. ④ Sally는 오케스트라에서 첼로를 연주한다. ⑤ 5번가에 한 식당이 있다. 그 식당은 가격이 비싸다.

해설 ②의 빈칸에는 '~마다'의 의미를 나타내는 부정관사 a가 들어가고, 나머지 빈칸에는 모두 정관사 the가 들어간다.

어휘 pill 알약 orchestra 오케스트라

15 시간, 장소를 나타내는 전치사

해석 ① 당신의 아이를 차 안에 두지 마세요. ④ 장마철 동안에는 음식이 빨리 상한다. ⑤ 그녀는 30분 동안 줄 서서 기다리고 있었다.

해설 ② 오전/오후의 시간을 나타낼 때는 전치사 in을 사용한다. (on → in) ③ for와 during 모두 '~동안'의 의미를 나타내지만 특정한 때를 나타낼 때는 전치사 during을 사용한다. (for → during)

16 전치사 / 물질명사의 수량 표현 / 한 쌍을 이루는 명사의 수량 표현

해석 ② James는 바로 내 앞에 앉아 있다. ④ 그녀는 와인 한 병을 가져왔다. ⑤ Ted는 지난주에 바지 한 벌과 셔츠 한 벌을 샀다.

해설 ① '~동안'이라는 뜻으로 for는 구체적인 기간, during은 특정한 때를 나타내는 말과 함께 쓴다. (for lunchtime → during lunchtime) ③ 앞에 three가 있으므로 단위를 복수형으로 써야 한다. (three piece of cake → three pieces of cake)

어휘 take a nap 낮잠을 자다

17 비교 / 전치사

해설 a. '훨씬'의 의미로 비교급을 강조하는 부사는 much, even, still, a lot, far 등이다. very는 원급을 수식하는 부사이다. (very → much) / b. '~보다 더 …한[하게]'이라는 의미의 「비교급 + than」을 써야 한다. (better → better than) / c. 'A와 B 사이에'의 의미는 「between A and B」로 나타낸다. (or → and) / d. 구체적 시각을 나타낼 때는 전치사 at을 쓴다. (in → at)

18 원급 비교 / 물질명사의 수량 표현 / 수량형용사 / 접속사

해석 ① Brown 씨와 우리 엄마는 나이가 같다. ② 나에게 종이 열 장을 가져다 줘. ③ 그녀는 오늘 아침에 커피를 조금 마셨다. / 그녀는 오늘 아침에 커피를 거의 마시지 않았다. ④ 그는 그녀의 많은 사진을 찍었다. ⑤ 나는 배고파서 피자를 주문했다.

해설 ③ a little은 '(양이) 조금 있는, 약간의'라는 뜻이고, little은 '(양이) 거의 없는'의 뜻이다.

어휘 take a photo 사진을 찍다 order 주문하다

19 빈도부사 / 접속사 / 부사의 형태

해석 ② Adriana는 예쁘지만 게으르다. ③ 황 씨는 항상 바쁘다. ⑤ 그녀가 패션 모델이 되었다는 것은 놀랍다.

해설 ① 빈도부사 never는 조동사와 일반동사 사이에 위치해야 한다. (will see never → will never see) ④ highly는 '매우'라는 의미의 부사이므로 문맥상 '높이'라는 의미의 부사 high를 써야 한다. (highly → high)

20 명사의 복수형 / 부사의 형태 / 수량형용사

해석 (A) 방 안에 네 명의 여자들이 있다. (B) 그녀는 학교에서 Peter를 거의 보지 못한다. (C) 빵집은 여기에서 몇 블록 떨어져 있다.

해설 (A) woman의 복수명사는 womans가 아닌 women이다. / (B) 문맥상 빈칸에는 '거의 ~않는'을 의미하는 부사 hardly가 들어가야 한다. / (C) 셀 수 있는 명사(blocks)와 쓸 수 있는 수량형용사는 a few이다. a little은 셀 수 없는 명사와 함께 쓰인다.

21 등위접속사 / 부사의 형태

해석 1) Charlie는 텔레비전 보는 것과 책을 읽는 것을 즐긴다.
2) Jennifer는 무대 위에서 아름답게 춤을 췄다.

해설 1) 등위접속사 and는 문법적으로 동일한 단어나 구, 절을 연결한다. 앞에 동명사 watching이 있으므로, 빈칸에도 동명사 형태(reading)가 들어가야 한다.
2) 빈칸에는 동사 danced를 수식하는 부사가 들어가야 하며, beautiful의 부사는 beautifully이다.

어휘 stage 무대

22 시간, 장소를 나타내는 전치사

해석 수미는 여름 방학 1) 동안에 영국으로 여행갈 것이다. 그녀는 2) 8월 7일에 서울을 떠나서 12시간 3) 동안 비행할 것이다. 그녀는 아침 7시에 히드로 4) 공항에 도착할 것이다.

해설 1) summer vacation처럼 〈특정한 때〉 앞에서 '~동안'의 의미를 갖는 전치사는 during이다.
2) 구체적인 날짜 앞에서 쓸 수 있는 전치사는 on이다.
3) 12 hours처럼 〈구체적인 기간〉 앞에서 '~동안'의 의미를 갖는 전치사는 for이다.
4) airport처럼 비교적 좁은 장소 앞에서 쓸 수 있는 전치사는 at이다.

23 빈도부사 / 관사를 쓰지 않는 경우

해설 빈도부사는 일반동사 앞에 위치하며, 운동경기 이름 앞에는 관사를 붙이지 않는다는 사실에 유의하면서 단어를 배열해 본다. '가끔'이라는 의미를 나타내는 빈도부사는 sometimes이다.

24 물질명사의 수량 표현

해설 물질명사 water를 세는 단위는 glass 또는 cup이고, 단수로 표현하고 싶을 경우 단위 앞에 부정관사 a를 붙인다.

25 비교

해석 1) Henry Potter가 가장 나쁜 평가를 받았다.

2) Mission Possible은 Z-Man보다 더 길다.

3) Z-Man은 Henry Potter만큼 길다.

해설 1) Henry Potter가 별 두 개로 가장 나쁜 평가를 받았으며, 최상급 비교인 「the + 최상급」으로 나타낸다.

2) Mission Possible의 상영 시간이 Z-man보다 길다. '~보다 …한[하게]'의 의미는 「비교급 + than」으로 나타낸다.

3) Z-Man과 Henry Potter의 상영 시간은 동일하므로 원급 비교인 「as + 원급 + as」를 사용하여 나타낸다.

UNIT 05 | 모의고사

1회

1 ④ 2 ④ 3 ③ 4 ③ 5 ④ 6 ③ 7 ⑤ 8 ①, ② 9 ④
10 ⑤ 11 ③ 12 ①, ⑤ 13 ① 14 ② 15 ④ 16 ③ 17 ②
18 ③ 19 ③ 20 ② 21 1) How old 2) How long 3) How often 22 1) How sweet you are! 2) What a nice car you have! 3) How interesting his new book is! 23 1) Kevin sent me a picture. 2) Kevin sent a picture to me.
24 1) Say, and 2) Don't say, or 25 1행: sadly → sad
3행: for → to

01 목적격보어가 필요한 동사 (5형식)

해석 그 신문기사는 Emily를 _____ 만들었다.

① 울다 ② 행복한 ③ 화가 난 ④ 웃다 ⑤ 영웅

해설 make는 목적격보어로 명사, 형용사, 동사원형을 쓰는 동사로 to부정사인 ④ to laugh는 쓰일 수 없다.

어휘 article 기사

02 감탄문

해설 ④ what으로 시작하는 감탄문은 「What + a(n) + 형용사 + 명사 (+ 주어 + 동사)!」의 어순이며, jeans처럼 명사가 복수형일 경우 관사 a(n)를 쓰지 않는다.

03 목적격보어가 필요한 동사 (5형식)

해설 5형식 동사 allow는 목적격보어 자리에 to부정사를 쓴다.

04 how + 형용사[부사] / 감탄문

해석 a. 너는 얼마나 자주 교회에 가니? b. 참 아름다운 석양이구나!

① 어디서 ② 왜 ③ 어떻게, 얼마나 ④ 무엇 ⑤ 누구

해설 a. How often은 '얼마나 자주'라는 뜻으로 〈빈도〉를 나타내는 표현이다. / b. how를 사용한 감탄문은 「How + 형용사/부사 (+ 주어 + 동사)!」로 쓴다.

어휘 sunset 일몰, 저녁노을

05 의문사

해석 ① A: 소고기와 해산물 중에 어느 것을 원해? B: 나는 해산물을 원해.

② A: 너는 어느 팀을 가장 좋아하니? B: 나는 자이언츠 팀을 가장 좋아해.

③ A: 우리 좀 쉬는 게 어때? B: 좋아. 5분 동안 쉬자.

④ A: 학교에 가는 데 얼마나 걸리니? B: 나는 지하철을 타고 학교에 다녀.

⑤ A: 누가 남자형제나 여자형제가 있니? B: Kevin이 여동생이 있어.

해설 ④ A의 질문에서 쓰인 How long은 '얼마나 오래'의 의미로, 〈기간·시간〉을 나타내는 표현이므로, B 역시 시간과 관련된 대답을 해야 한다.

어휘 seafood 해산물   take a break 휴식을 취하다   get to ~에 도착하다

06 감각동사 + 형용사 (2형식) / 4형식 문장의 3형식 전환
해석 a. 그의 목소리는 멋지게 들린다.   b. 그는 그녀에게 장미 몇 송이를 보냈다.

해설 a. 빈칸 앞에 감각동사인 sounds가 있으므로 보어 역할을 하는 형용사 great가 들어가야 한다. / b. 4형식 문장을 3형식 문장으로 전환할 때, 전치사 to를 쓰는 동사는 send와 give이다.

어휘 voice 목소리

07 의문사 / 감탄문
해석 ① 그는 어디에서 왔니?   ② 그 소년은 참 용감하구나!   ③ 네 회사의 이름이 무엇이니?   ④ 그녀는 정말 아름다운 눈을 가졌구나!

해설 ⑤ How much는 뒤에 셀 수 없는 명사가 온다. 뒤에 islands로 셀 수 있는 명사의 복수형이 왔으므로, How many를 써야 한다. (How much → How many)

08 부가의문문
해석 ③ 너의 부모님은 여기 사시지, 그렇지 않니?   ④ 너는 밤에 잘 못 자지, 그렇지?   ⑤ Alex는 내일 집에 있을 거야, 그렇지 않니?

해설 ① 부가의문문을 만들 때, 긍정의 평서문 뒤에는 부정의 부가의문문이 와야 하고, 평서문에 be동사가 쓰였으면 부가의문문에도 be동사를 쓴다. (doesn't she → isn't she) ② 부가의문문을 만들 때, 「Let's + 동사원형」 뒤에는 shall we?를 붙인다. (do we → shall we)

09 의문사
해석 질문: _____   대답: 나는 그곳에 Isabella와 갔어.
① 콘서트는 얼마나 길게 했니?   ② 너 어제 어디에 갔었니?   ③ 넌 언제 콘서트에 갔었니?   ④ 너는 누구와 콘서트에 갔었니?   ⑤ 너는 어제 왜 Isabella를 만났니?

해설 B가 같이 간 사람에 대해 말하고 있으므로 '누구'와 갔는지를 묻는 ④가 적절하다.

10 의문사
해석 A: 너는 어디서 이 멋진 셔츠를 샀니?   B: 나는 그것을 ABC 쇼핑몰에서 샀어.

해설 B가 장소에 관해서 답하고 있으므로, A의 빈칸에는 '어디서'의 의미인 Where가 들어가야 한다. A의 질문에 did가 쓰였으므로, B의 빈칸에는 과거형 bought가 들어가야 한다.

11 명령문
해석 _____, 그렇지 않으면 너는 감기에 걸릴 것이다.
① 네가 나갈 때 불을 꺼라   ② 차에서는 안전벨트를 매라   ③ 나가기 전에 머리를 말려라   ④ 밤늦게 혼자 나가지 마라   ⑤ 이 약을 시원하고 건조한 곳에 보관해라

해설 「명령문 + or ~」는 '…해라, 그렇지 않으면 ~할 것이다'의 의미로 문맥상 가장 적절한 것은 ③이다.

어휘 catch a cold 감기에 걸리다   medicine 약

12 의문사
해석 ① 거미는 몇 개의 다리를 가지고 있니?   ⑤ 너는 얼마나 자주 낚시하러 가니?

해설 ② 의문사 Who가 주어 역할을 하므로 「의문사(주어) + 동사 ~?」의 형태로 써야 한다. (Who does wants → Who wants)   ③ 「의문사 + 동사 + 주어 ~?」의 형태로 쓸 때 동사가 일반동사인 경우 do를 의문사 뒤에 쓴다. (you think → do you think)   ④ 「의문사 + 동사 + 주어 ~?」의 형태에서 앞에 do 동사가 쓰이면 일반동사는 동사원형의 형태가 되어야 한다. (happened → happen)

13 의문사 / 명령문
해석 (A) 너는 골프 또는 테니스 중에서 어떤 것을 더 좋아하니?   (B) 서둘러라, 그렇지 않으면 너는 학교에 늦을 것이다.   (C) 여기에서 너의 집까지는 얼마나 머니?

해설 (A) 「which ~, A or B?」는 'A와 B 중 어느 (것)이 ~하니?'의 의미로, 둘 중 하나를 택해야 하는 상황에서 쓸 수 있다. 따라서, 빈칸에는 '또는'을 의미하는 or가 들어가야 한다. / (B) '…해라, 그렇지 않으면 ~할 것이다'의 의미인 「명령문 + or ~」가 되어야 하므로 or가 적절하다. / (C) '얼마나 멀리'의 의미로 〈거리〉를 나타내는 How far가 적절하다.

14 목적격보어가 필요한 동사 (5형식) / 4형식 문장의 3형식 전환
해석 ① Josh는 내가 그를 방문하기를 원한다.   ② 아빠는 나에게 새 책상을 사 주셨다.   ③ 우리 엄마는 나에게 양말을 신으라고 말씀하셨다.   ④ Joan은 Rubén에게 돈을 좀 빌려주었다.   ⑤ 남자친구가 나에게 초콜릿을 주었다.

해설 ② 4형식 문장을 3형식으로 전환할 때, 동사 buy는 간접목적어 앞에 전치사 for를 쓴다.

15 how + 형용사[부사]
해석 ① 우리에게 시간이 얼마나 있니?   ② 이 꽃들은 얼마입니까?   ③ 그들은 돈을 얼마나 갖고 있니?   ④ 너는 하루에 몇 시간을 자니?   ⑤ 그는 지금 몇 장의 종이가 필요하니?

해설 ④의 빈칸 뒤에는 셀 수 있는 명사가 있으므로 how many의 many를 쓴다. 나머지 빈칸에는 셀 수 없는 명사와 쓰이거나 가격을 나타내는 how much의 much를 써야 한다.

16 4형식 문장의 3형식 전환
해석 ① James는 나에게 이메일을 보냈다.   ② 은비는 나에게 쿠키를 만들어 주었다.   ③ Amy는 우리에게 그녀의 새 지갑을 보여주었다.   ④ 나의 조부모님은 나에게 선물을 주셨다.   ⑤ 엄마는 나에게 새 치마를 사 주셨다.

[해설] ③ 4형식 문장을 3형식으로 전환할 때, 동사 show는 간접목적어 앞에 전치사 to를 쓴다. (for → to)

17 문장의 형식

[해석] ① 아빠는 내가 방을 <u>청소하게</u> 하셨다.   ③ 너는 <u>피곤해</u> 보인다. 너는 자러 가야 한다.   ④ 나는 네가 제 시간에 학교에 <u>오길</u> 원한다.   ⑤ 오빠가 나에게 스파게티를 요리해 주었다.

[해설] ②는 5형식 문장으로, find는 목적격보어로 형용사를 쓰므로 amazingly와 같은 부사는 올 수 없다. (amazingly → amazing)

[어휘] amazingly 놀랍게

18 명령문 / 부가의문문

[해석] ① 너무 걱정하지 마.   ② 7시에 나를 깨워주세요.   ④ 그 영화는 지루했어, 그렇지 않았니?   ⑤ Lee의 빵집은 월요일엔 열지 않아, 그렇지?

[해설] ③ '~하자'의 의미로 〈권유·제안〉을 나타내는 Let's 다음에는 동사원형이 온다. (going → go)

19 감각동사 + 형용사 (2형식) / 의문사

[해석] ① 이 양파 수프는 냄새가 좋다.   ② 너는 몇 개의 의자가 필요하니?   ④ 어느 것이 네 가방이니, 노란색이니 아니면 초록색이니?   ⑤ 이 치약은 딸기 맛이 난다.

[해설] ③ look, smell, taste, feel과 같은 감각동사는 보어로 형용사를 쓴다. (comfortably → comfortable)

[어휘] toothpaste 치약   strawberry 딸기

20 문장의 형식

[해석] a. 아빠는 나에게 샌드위치를 만들어 주셨다.   d. 그들은 나에게 약간의 음식을 제공했다.

[해설] b. 목적어가 두 개인 4형식 문장은 「수여동사 + 간접목적어 + 직접목적어」의 어순으로 쓰므로 간접목적어인 me와 직접목적어인 a gift를 바꿔 써야 한다. (a gift me → me a gift) / c. help는 목적격보어로 동사원형 또는 to부정사를 쓴다. (making → (to) make)

[어휘] offer 제공하다

21 how + 형용사[부사]

[해석] 1) A: 너의 할머니는 <u>몇 세</u>이셔?   B: 그녀는 90세이셔.
2) A: 너는 캐나다에서 <u>얼마나 오래</u> 머물 거야?   B: 나는 그곳에서 3주 동안 머물 거야.
3) A: 너는 <u>얼마나 자주</u> 여자친구를 보니?   B: 나는 일주일에 두 번 그녀를 봐.

[해설] 1) 빈칸에는 〈나이〉를 물어볼 때 쓰는 How old가 들어가야 한다.
2) 빈칸에는 〈기간·시간〉을 물어볼 때 쓰는 How long이 들어가야 한다.
3) 빈칸에는 〈빈도〉를 물어볼 때 쓰는 How often이 들어가야 한다.

22 감탄문

[해설] 1), 3) how로 시작하는 감탄문은 「How + 형용사 (+ 주어 + 동사)!」

로 쓴다.
2) what으로 시작하는 감탄문은 「What + a(n) + 형용사 + 명사 (+ 주어 + 동사)!」로 쓴다.

23 문장의 형식

[해설] '~에게 …을 보내다'는 「send + 간접목적어 + 직접목적어」의 4형식 문장으로 나타낼 수 있고, 이것을 3형식 문장으로 전환하면, 「send + 직접목적어 + to + 간접목적어」의 형태가 된다.

24 명령문

[해석] 우리는 말을 주의해야 한다. 1) <u>너의 친구들에게 좋은 말을 해라, 그러면 너는 그들을 행복하게 만들 것이다.</u> 2) <u>너의 친구들에게 나쁜 말을 하지 마라, 그렇지 않으면 너는 그들을 잃을 것이다.</u>

[해설] 1) '~해라, 그러면 …할 것이다'의 의미는 「명령문 + and」로 쓴다.
2) '~하지 마라'는 「Don't + 동사원형~」의 부정 명령문으로 나타낼 수 있고, '~해라, 그렇지 않으면 …할 것이다'의 의미는 「명령문 + or」로 쓴다.

25 문장의 형식

[해석] A: 너는 슬퍼 보여. 무슨 문제라도 있어?   B: 내 친구가 나한테 화가 났어.   A: 그에게 편지를 보내는 건 어때?   B: 좋은 생각이야! 고마워!

[해설] 1행: 감각동사 look 뒤에는 형용사가 와야 한다. (sadly → sad)
3행: 4형식 문장을 3형식으로 전환할 때, 동사 send는 간접목적어 앞에 전치사 to를 쓴다. (for → to)

UNIT 05 | 모의고사

2회

1 ④ 2 ⑤ 3 ④ 4 ② 5 ① 6 ⑤ 7 ④ 8 ③ 9 ③ 10 ④
11 ① 12 ① 13 ①, ④ 14 ② 15 ⑤ 16 ④, ⑤ 17 ②
18 ② 19 ② 20 ⑤ 21 1) Don't tell him the truth.
2) What a wise girl (she is)! 22 1) some examples to us
2) me a chocolate cake 23 1) sent Josh 2) gave, to
3) showed, to 4) bought, for me 24 1) Let's 2) isn't she
3) Yes, she is 25 1) softly → soft 2) What a → a 삭제

01 how + 형용사[부사]

해석 질문: 너는 어젯밤에 얼마나 오래 잤니? 대답: _____
① 나는 매우 피곤했어. ② 나는 아주 잘 잤어. ③ 나는 내 침대에서 잤어.
④ 나는 8시간 동안 잤어. ⑤ 나는 오늘 아침 늦잠을 잤어.
해설 ④ A의 질문에서 쓰인 How long은 '얼마나 오래'의 의미로, 〈기간·
시간〉을 나타내는 표현이므로, B 역시 시간과 관련된 대답을 해야 한다.
어휘 sleep late 늦잠을 자다

02 감각동사 + 형용사 (2형식)

해석 Tommy는 그의 새 안경을 쓰니 _____ 해 보인다.
① 좋은 ② 이상한 ③ 똑똑한 ④ 근사한 ⑤ 다르게
해설 look과 같은 감각동사의 보어로는 형용사가 오므로, ⑤ differently
와 같은 부사는 쓸 수 없다.

03 의문사

해설 ④ '고양이와 개 중'과 같이, 어떤 범위 내의 선택에 대해 물을 때는 의
문사 which를 쓴다. (What → Which)
어휘 prefer 선호하다

04 문장의 형식

해석 ① 내 남동생은 가끔 나를 화나게 만든다. ② 너에게서 곧 소식을 듣
길 기대할게. ③ 그들은 내게 약간의 음식을 가져오라고 요청했다. ④ 나는
그에게 문을 잠그라고 말했다. ⑤ Susan은 내가 그녀의 노트북을 사용하
게 해 줬다.
해설 ②는 3형식 문장이고, 나머지는 모두 목적격보어가 있는 5형식 문장
이다.
어휘 laptop 노트북 컴퓨터

05 명령문

해석 ① 슈퍼마켓에 가라. ② 슈퍼마켓에 가자. ③ 우리 슈퍼마켓에 갈래?
④ 우리 슈퍼마켓에 가는 게 어때? ⑤ 슈퍼마켓에 함께 가는 게 어때?
해설 ①은 상대방에게 명령이나 지시를 하는 명령문의 문장이고, 나머지는
모두 '(함께) ~하자'고 권유하는 문장들이다.

06 의문사

해석 ① Jason은 키가 얼마니? ② 누가 그 답을 아니? ③ 그 콘서트는
언제 시작하니? ④ 너는 이 그림에 대해 어떻게 생각하니?
해설 ⑤ How many는 '얼마나 많은'의 의미로, 뒤에 셀 수 있는 명사가 와
야 한다. 뒤에 셀 수 없는 명사인 water가 왔으므로, How much를 써야
한다. (How many → How much)

07 목적격보어가 필요한 동사 (5형식) / 4형식 문장의 3형식 전환

해석 a. 나는 그녀가 상자들을 옮기는 것을 도왔다. b. 내가 너를 위해 의
자를 가져다줄게.
해설 a. 동사 help는 목적격보어로 동사원형 또는 to부정사를 쓴다. /
b. 4형식 문장을 3형식으로 전환할 때, 수여동사 get은 간접목적어 앞에 전
치사 for를 쓴다.

08 목적격보어가 필요한 동사 (5형식)

해석 a. 네 손을 따뜻하게 유지해라. b. 엄마는 내가 외출하는 것을 허락하
지 않으셨다.
해설 a. 5형식 동사 keep은 목적격보어 자리에 형용사를 쓴다. / b. 5형식
동사 allow는 목적격보어 자리에 to부정사를 쓴다.

09 4형식 문장의 3형식 전환

해석 a. 아빠가 우리에게 샌드위치를 만들어 주셨다. b. Henry가 어제 나
에게 그의 농구화를 빌려줬다.
해설 a. 4형식 문장을 3형식으로 전환할 때, 동사 make는 간접목적어 앞
에 전치사 for를 쓴다. / b. 4형식 문장을 3형식으로 전환할 때, 동사 lend
는 간접목적어 앞에 전치사 to를 쓴다.

10 부가의문문

해석 ① 너는 Jake의 사촌이지, 그렇지 않니? ② 그들은 같은 반이지,
그렇지 않니? ③ James와 Jessica는 데이트 중이지, 그렇지 않니?
④ 그들은 중국으로 돌아갔지, 그렇지 않니? ⑤ 너와 Carlos는 스페인 출
신이지, 그렇지 않니?
해설 ④의 빈칸에는 didn't가 들어가고, 나머지 빈칸에는 모두 aren't가
들어간다.
어휘 cousin 사촌 date 데이트하다

11 감탄문

해석 ① 이 새끼 고양이는 참 귀엽구나! ② 그는 참 훌륭한 요리사구나!
③ 그것들은 참 예쁜 장갑이구나! ④ 그것은 참 흥미진진한 경기로구나!

⑤ 그는 참 잘생긴 남자구나!

해설 ①의 빈칸에는 How가 들어가고, 나머지 빈칸에는 모두 What이 들어간다.

어휘 kitten 새끼 고양이   handsome 잘생긴

12 4형식 문장의 3형식 전환

해석 ① 나는 나의 개에게 개집을 만들어 주었다.   ② 그녀는 우리에게 그녀의 이름을 말하지 않았다.   ③ 나는 남동생에게 내 청바지를 줬다.   ④ Holden은 아내에게 꽃을 보냈다.   ⑤ 그는 나에게 그의 그림을 보여줄 것이다.

해설 ① 4형식 문장을 3형식으로 전환할 때, 동사 make는 간접목적어 앞에 전치사 for를 쓴다. 동사 tell, give, send, show는 전치사 to를 쓴다.

13 부가의문문

해석 ② 창문을 열어라, 그렇게 할래?   ③ Norah는 훌륭한 가수야, 그렇지 않니?   ⑤ 아이들은 놀이터에서 놀고 있어, 그렇지 않니?

해설 ① 평서문에 긍정의 일반동사가 쓰였으면 부가의문문에서는 do동사의 부정형을 쓴다. (is you → don't you)   ④ 평서문에 긍정의 be동사가 쓰였으면 부가의문문에서는 그 be동사의 부정형을 쓴다. 부가의문문의 주어는 평서문의 주어를 대명사로 바꾼 것이다. (aren't you → isn't he)

어휘 playground 놀이터

14 문장의 형식

해석 ① 너 오늘 슬퍼 보인다.   ② 아빠는 나에게 멋진 의자를 만들어 주셨다.   ③ Lauren은 나에게 소포를 보냈다.   ④ 네 사진을 나에게 줘.   ⑤ 그들은 내가 사진을 찍는 것을 허락하지 않았다.

해설 ②는 「주어 + 동사 + 간접목적어 + 직접목적어」 형태의 4형식 문장이다.

어휘 package 소포

15 문장의 형식

해석 a. 내가 설거지 하는 것을 도와줄래?   b. 그녀는 내가 스카프를 사기를 원한다.   c. 이 베개는 몹시 부드럽다.   d. 나에게 돈을 좀 빌려줄래? e. Kathy는 그녀의 아들에게 마스크를 쓰게 했다.

해설 e. 사역동사로 쓰인 make는 목적격보어로 동사원형을 쓰므로, 빈칸에는 wear가 들어가야 한다. (to wear → wear)

어휘 pillow 베개   lend 빌려주다

16 의문사 / 명령문 / 문장의 형식

해석 ① 너는 어떤 책을 읽었니?   ② 밖이 춥다. 나가지 말자.   ③ 우체국은 몇 시에 닫니?

해설 ④ 5형식 동사 keep은 목적격보어 자리에 형용사를 쓴다. (freshly → fresh)   ⑤ 4형식 문장이 3형식으로 전환될 때, 동사 offer가 포함된 문장은 「offer + 직접목적어 + to + 간접목적어」의 형태이다. (for → to)

17 명령문 / 의문사 / 목적격보어가 필요한 동사 (5형식) / 부가의문문

해석 ② 누가 너에게 중국어를 가르치시니?

해설 ① '~하지 마라'라는 뜻의 부정 명령문은 「Don't + 동사원형 ~」의 형태이다. (Make not → Don't make)   ③ 5형식 동사 expect는 목적격보어 자리에 to부정사가 온다. (be → to be)   ④ 동사 take는 '(시간이) 걸리다'의 의미이므로, 〈거리〉를 물어보는 표현인 How far는 〈시간〉을 물어보는 표현인 How long으로 고쳐야 한다. (How far → How long)   ⑤ 부가의문문을 만들 때, 긍정의 평서문 뒤에는 부정의 부가의문문을 쓴다. 평서문에 조동사가 쓰였으면 그 조동사를 그대로 쓴다. (will they → won't they)

어휘 mistake 실수   expect 기대하다

18 문장의 형식 / 의문사

해석 a. 이 커피는 쓴 맛이 난다.   c. Daisy는 우리에게 식사를 요리해 줄 것이다.

해설 b. 의문사 Who가 주어로 쓰였으므로 단수 취급한다. (do → does) / d. 사역동사 have는 목적격보어 자리에 동사원형이 온다. (to bring → bring) / e. 4형식 문장이 3형식으로 전환될 때, 동사 write가 포함된 문장은 「write + 직접목적어 + to + 간접목적어」의 형태이다. (of → to)

어휘 bitter 맛이 쓴   laundry 세탁(물)   meal 식사

19 명령문 / 부가의문문 / 목적격보어가 필요한 동사 (5형식)

해석 (A) 너무 쉽게 포기하지 말자. 우린 할 수 있어.   (B) 오늘 밤에 해변에 가자, 그럴래?   (C) 우리 부모님은 내가 밤 9시 이후에 TV를 보지 못하게 하신다.

해설 (A) '~하지 말자'라는 의미의 부정의 권유문은 「Let's not + 동사원형 ~」으로 쓴다. / (B) Let's로 시작하는 문장의 부가의문문은 shall we?로 쓴다. / (C) let은 목적격보어로 동사원형을 쓰는 사역동사이다.

어휘 give up 포기하다

20 감탄문 / 문장의 형식

해석 내 남동생과 나는 정원에서 한 고양이 가족을 발견했다. 내 남동생은 "그들은 참 귀여운 고양이들이구나!"라고 말했다. 그 작은 새끼 고양이들은 그들의 엄마처럼 보였다. 나는 그들을 따뜻하게 해 주고 싶었다. 그래서 나는 남동생에게 담요를 가져오라고 부탁했다. 지금부터 우리는 그들을 돌볼 것이다.

해설 (A) 뒤에 「형용사 + 명사 + 주어 + 동사」가 이어지므로 What으로 시작하는 감탄문이 되어야 한다. / (B) 감각동사 뒤에 명사가 올 경우에는 전치사 like와 함께 쓰인다. / (C) 5형식 문장에서 동사 ask는 목적격보어 자리에 to부정사가 온다.

어휘 blanket 담요, 이불   from now on 지금부터

21 명령문 / 감탄문

해석 1) 그에게 사실을 말해. → 그에게 사실을 말하지 마.
2) 그녀는 정말 현명한 소녀이다. → 그녀는 참 현명한 소녀구나!

해설 1) 부정 명령문은 「Don't + 동사원형 ~」으로 나타낼 수 있다.
2) what으로 시작하는 감탄문은 「What + a(n) + 형용사 + 명사 (+ 주어

+ 동사!」의 형태이다.

22 4형식 문장의 3형식 전환
해석 1) 저희에게 몇 가지 예를 좀 들어주실 수 있을까요?
2) 할머니께서 내 생일에 나에게 초콜릿 케이크를 만들어 주셨다.
해설 1) 4형식 문장을 3형식으로 전환할 때, 동사 give는 간접목적어 앞에 전치사 to를 쓴다.
2) 「make + 직접목적어 + for + 간접목적어」의 3형식 문장을 4형식 문장으로 전환하면, 「make + 간접목적어 + 직접목적어」의 형태가 된다.

23 4형식 문장의 3형식 전환
해석 1) 나는 Josh에게 카드를 보냈다.
2) Josh는 Kate에게 선물을 주었다.
3) Kate는 보람이에게 사진을 보여주었다.
4) 보람이는 나에게 셔츠를 사 주었다.
해설 1) send가 4형식 문장에서 쓰일 때는 「send + 간접목적어 + 직접목적어」의 형태이다.
2) 동사 give가 포함된 4형식 문장이 3형식으로 전환될 때, 「give + 직접목적어 + to + 간접목적어」의 형태이다.
3) 동사 show가 포함된 4형식 문장이 3형식으로 전환될 때, 「show + 직접목적어 + to + 간접목적어」의 형태이다.
4) 동사 buy가 포함된 4형식 문장이 3형식으로 전환될 때, 「buy + 직접목적어 + for + 간접목적어」의 형태이다.

24 명령문 / 부가의문문
해설 1) '(우리) ~하자'라는 뜻의 권유의 문장은 「Let's + 동사원형~」의 형태로 쓴다.
2) 부가의문문을 만들 때, 긍정의 평서문 뒤에는 부정의 부가의문문을 쓴다.
3) 부가의문문에 답할 때 대답하는 내용이 긍정이면 Yes를, 부정이면 No를 사용한다.

25 감각동사 + 형용사 (2형식) / 감탄문
해설 1) 감각동사 feel 뒤에는 형용사를 쓴다. (softly → soft)
2) 「What + (a(n)) + 형용사 + 명사 + (+ 주어 + 동사)!」 형태의 What으로 시작하는 감탄문에서 명사가 복수형일 경우 관사 a(n)를 쓰지 않는다. (What a → a 삭제)

누적 총정리 모의고사

1회

1 ⑤ 2 ③ 3 ④ 4 ②,④ 5 ①,③ 6 ③ 7 ① 8 ③ 9 ③
10 ③ 11 ③ 12 ④ 13 ④ 14 ⑤ 15 ④ 16 ⑤ 17 ⑤
18 ④ 19 ③ 20 ③, ⑤ 21 1) won't you 2) What an
22 1) She wasn't[was not] as[so] beautiful as her sister.
2) Was he able to lift 50 kg? 3) Was Jamie watching TV at that time? 23 1) are not going to attend the meeting
2) were watching a movie 24 like 25 1) O 2) O 3) X, hardly → hard 4) X, isn't → aren't[are not]

01 감각동사 + 형용사 (2형식)
해석 네 새 재킷은 _____ 보인다.
① 좋은 ② 따뜻한 ③ 비싼 ④ 편안한 ⑤ 멋지게
해설 '~해 보이다'라는 의미는 「look + 형용사」로 나타낸다. ⑤ wonderfully는 부사로 빈칸에 쓸 수 없다.

02 to부정사의 형용사적 용법
해석 A: 너 지금 바쁘니? B: 왜? A: 너에게 말할 것이 있어.
해설 문맥상 빈칸에는 something을 수식하는 형용사적 용법의 to부정사가 들어가야 한다.

03 비인칭주어 it과 인칭대명사 it
해석 ① 그것은 너의 책이니? ② 그것은 나의 새 컴퓨터이다. ③ 너는 그것을 어디서 찾았니? ④ 자러 가거라. 거의 자정이다. ⑤ 저 고양이를 봐! 그것은 노란 눈을 가졌어.
해설 ④의 밑줄 친 단어는 〈시간〉을 나타낼 때 문장의 주어로 쓰이는 비인칭주어 it이고, 나머지는 모두 사물이나 동물을 지칭할 때 쓰이는 인칭대명사 it이다.
어휘 almost 거의   midnight 자정

04 조동사의 의문문
해석 ① A: 부탁 좀 드려도 될까요? B: 네, 그러세요.
② A: 그녀는 러시아어를 할 수 있니? B: 아니, 그녀는 안 할 거야.
③ A: 저녁 7시 전에 그곳에 도착해야 할까요? B: 네, 그래야만 해요.
④ A: 저녁 먹으러 우리집에 올래? B: 그래, 안 갈 거야.
⑤ A: 이곳에서 기다려야 하나요? B: 네, 그래야 해요.
해설 ② 능력을 나타내는 조동사 can으로 묻고 있으므로 대답 역시 조동사 can을 사용해서 해야 한다. 부정을 나타내는 대답은 「No, 주어 + can't.」로 쓴다. (No, she won't. → No, she can't.) ④ 조동사 will로 물어

볼 경우, 똑같이 조동사 will로 답해야 하며, 대답의 내용이 긍정인 경우에는 「Yes, 주어 + will.」로 답한다. (Yes, I won't. → Yes, I will.)

어휘 favor 호의, 친절 Russian 러시아어 arrive 도착하다

05 의문사

해석 ② 얼마나 오래 걸리나요? ④ 너는 어디로 가고 싶니? ⑤ 콘서트는 언제 시작하니?

해설 ① 「의문사 + 동사 + 주어 ~?」의 형태로 쓸 때 동사가 일반동사인 경우 do를 의문사 뒤에 쓴다. (he did → did he) ③ 「의문사 + 동사 + 주어 ~?」의 형태에서 앞에 do 동사가 쓰이면 일반동사는 동사원형의 형태가 되어야 한다. (lied → lie)

어휘 lie 거짓말하다

06 동명사의 역할

해석 내 취미는 쿠키를 굽는 것이다.
① 나는 음악 듣는 것을 좋아한다. ② 우리 아빠와 골프 치는 것은 재미있다. ③ 그의 직업은 오래된 그림들을 복원하는 것이다. ④ 그녀는 코미디 쇼 보는 것을 즐겼다. ⑤ 저녁식사 후에 함께 걷는 것이 어때?

해설 주어진 문장과 ③의 밑줄 친 부분은 주격보어 역할을 하는 동명사이다. ①, ④, ⑤는 목적어 역할, ②는 주어 역할을 하는 동명사이다.

어휘 repair 수리[보수]하다

07 동명사 / 가주어 it / 감탄문 / There + be동사 / 인칭대명사와 격

해석 ② 그녀의 가족을 만나서 반가웠다. ③ 그들은 참 아름다운 댄서들이구나! ④ 탁자 위에 세 잔의 커피가 있다. ⑤ 내 전화기는 낡았다. 그녀의 것은 내 것만큼 오래되지 않았다.

해설 ① 동명사가 주어로 쓰인 경우 항상 단수 취급하므로, 동사 역시 단수 동사를 써야 한다. (are → is)

08 to부정사와 동명사

해석 a. 먹기 전에 손 씻는 것을 잊지 마라. c. 나는 패스트푸드 먹는 것을 피한다. e. 그녀는 패션 디자이너가 되기를 바란다.

해설 b. hate는 목적어로 to부정사나 동명사를 쓰는 동사이다. (clean → to clean[cleaning]) / d. expect는 to부정사를 목적어로 쓰는 동사이다. (winning → to win) / f. give up은 동명사를 목적어로 쓰는 동사구이다. (to exercise → exercising)

09 관사

해석 a. 나는 미래에 달에 가기를 희망한다. b. 그는 거리에서 기타를 연주했다.

해설 a. moon과 같은 유일한 자연물 앞에는 정관사 the를 써야 한다. / b. 동사 play 뒤의 악기 이름(guitar) 앞에는 정관사 the를 써야 한다.

10 how + 형용사[부사] / 감탄문

해석 a. 네 여동생은 몇 살이니? b. 그는 참 영리하구나!

해설 a. 빈칸에는 문맥상 나이를 나타내는 how old의 의문사 How가 들

어가야 한다. / b. 주어진 문장은 감탄문으로, 뒤에 「형용사 + 주어 + 동사」로 이어지고 있으므로 빈칸에는 How가 들어가야 한다.

11 부사의 형태 / 감각동사 + 형용사 (2형식) / 원급 비교

해석 (A) 나는 최근에 피곤하다. (B) 너의 계획은 정말 좋게 들린다. (C) 그녀는 나만큼 높게 뛸 수 있다.

해설 (A) 문맥상 빈칸에는 '최근에'를 의미하는 부사 lately가 들어가야 한다. late는 '늦게'라는 의미이다. / (B) 감각동사 sound 뒤에는 형용사인 great가 와야 한다. / (C) '~만큼 …한[하게]'의 의미인 원급 비교는 「as + 원급 + as」로 나타내므로 부사의 원급인 high가 와야 한다.

12 명사절을 이끄는 종속접속사 / 명령문 / 종속접속사 while

해석 (A) 그는 우리가 이길 수 있다고 믿는다. (B) 규칙적으로 운동해라, 그러면 너는 건강해질 것이다. (C) Tim은 한국에 있는 동안 태권도를 배웠다.

해설 (A) 동사 believes의 목적어 역할을 하는 명사절을 이끄는 종속접속사 that이 들어가야 한다. / (B) '~해라, 그러면 …할 것이다'라는 의미는 「명령문 + and」로 쓴다. / (C) 뒤에 절이 이어지므로 '~하는 동안'의 의미를 나타내는 접속사 while이 와야 한다. during은 전치사이다.

어휘 regularly 규칙적으로

13 의문사

해석 질문: _____ 대답: 나는 가족들과 집에 있을 거야.
① 너는 어제 무엇을 했니? ② 너는 가족들과 무엇을 하니? ③ 너는 언제 집에 갈 거니? ④ 너는 토요일에 무엇을 할 거니? ⑤ 너는 내일 누구를 만날 거니?

해설 ④ B가 자신이 미래에 할 행동에 대해 답하고 있으므로, A는 무엇을 할 것인지 물어보는 게 자연스럽다.

14 수량형용사

해석 ① 나는 별로 즐겁지 않았어. ② 너는 돈을 얼마나 많이 갖고 있니? ③ 우리는 이야기할 시간이 많지 않아. ④ 너는 수프에 소금을 너무 많이 넣었어. ⑤ 그들은 처리할 문제가 많다.

해설 ⑤ 빈칸 뒤에 셀 수 있는 명사(problems)가 나오므로, 빈칸에는 수량형용사 many가 들어가야 한다. 나머지 빈칸에는 모두 much가 들어간다.

어휘 deal with ~을 다루다, 처리하다

15 과거진행형

해석 A: 저녁 9시쯤 너에게 전화했는데, 넌 받지 않았어.

해설 ④ '~하고 있었다'는 의미는 과거진행형인 「be동사의 과거형 + v-ing」로 나타낸다.

16 동명사 / 현재진행형

해석 ① 나는 파스타를 요리하는 것을 좋아한다. ② 이번 주말에 캠핑하러 가는 게 어때? ③ 그는 드디어 집 청소를 끝냈다. ④ 나의 나쁜 습관 중

하나는 밥을 너무 빨리 <u>먹는</u> 것이다.   ⑤ 아이들은 지금 온라인 게임을 <u>하고</u> 있다.

해설 ⑤는 현재진행형을 나타내는 v-ing형이다. 나머지는 모두 동명사이다.

17 목적어가 두 개 필요한 동사 (4형식)

해석 ⑤ 나는 여동생에게 한국사를 가르쳤다.

해설 ① 「send + 간접목적어 + 직접목적어」의 4형식 어순으로 쓸 때는 간접목적어 앞에 전치사를 쓰지 않는다. (to me → me) ② 4형식 문장을 3형식으로 전환할 때, 동사 write는 간접목적어 앞에 전치사 to를 쓴다. (of → to) ③ 4형식 문장을 3형식으로 전환할 때, 동사 give는 간접목적어 앞에 전치사 to를 쓴다. (for → to) ④ 4형식 문장을 3형식으로 전환할 때, 동사 show는 간접목적어 앞에 전치사 to를 쓴다. (me → to me) 또는 「show + 간접목적어 + 직접목적어」의 4형식 어순으로 쓴다. (your new shoes me → me your new shoes)

18 부가의문문 / 일반동사의 부정문 / be동사의 부정문 / 명령문

해석 ① 너는 초밥을 좋아하지, 그렇지 <u>않니?</u> ② 너는 이곳에 살지 <u>않지,</u> 그렇지? ③ 나는 케이크를 원치 <u>않아.</u> 나는 다이어트 중이야. ④ 그는 지금 바쁘지 <u>않다.</u> 그는 그저 TV를 보고 있다. ⑤ 창문을 열지 <u>마라.</u> 밖에 비가 오고 있다.

해설 ④의 빈칸에는 be동사의 부정형인 isn't가 들어가고, 나머지 빈칸에는 모두 일반동사의 부정형인 don't가 들어간다.

19 장소를 나타내는 전치사 / 4형식 문장의 3형식 전환 / 조동사 be going to / to부정사의 부사적 용법

해석 ① 당신 옆에 앉아도 되나요? ② 나는 그녀에게 내 우산을 주었다. ③ 그 병원은 역 앞에 있다. ④ Jemma는 내일 그에게 전화할 것이다. ⑤ 그들은 경기를 보기 위해 경기장에 갔다.

해설 ③ '~ 앞에'라는 의미의 전치사는 in front of이므로 빈칸에는 of가 들어간다. 나머지 빈칸에는 모두 to가 들어간다.

20 문장의 형식

해석 우리 엄마는 나를 'Pumpkin'이라고 부르신다.
① Sam은 내게 반지 하나를 주었다. ② 그는 매우 피곤해 보인다. ③ 나는 그가 동호회에 가입하게 했다. ④ 나는 자러 가는 것을 원하지 않는다. ⑤ 그녀는 내가 그녀의 컴퓨터를 사용하는 것을 허락했다.

해설 주어진 문장과 ③, ⑤의 문장은 「주어 + 동사 + 목적어 + 목적격보어」 어순의 5형식 문장이다. ①은 4형식, ②는 2형식, ④는 3형식의 문장이다.

어휘 pumpkin 호박

21 부가의문문 / 감탄문

해설 1) 긍정의 평서문 뒤에는 부정의 부가의문문을 쓰며, 주어가 you이고 동사 will을 사용하고 있으므로 빈칸에는 won't you가 온다.
2) 뒤에 「형용사 + 명사 + 주어 + 동사」의 어순으로 이어지고 있으므로 「What + a(n) + 형용사 + 명사 (+ 주어 + 동사)!」로 쓰는 것이 적절하다.

22 be동사의 부정문 / 조동사의 의문문 / 진행형의 의문문

해석 〈예시〉 오늘은 춥다. → 오늘 <u>춥니?</u>
1) 그녀는 그녀의 여동생만큼 아름다웠다. → <u>그녀는 그녀의 여동생만큼 아름답지 않았다.</u>
2) 그는 50킬로그램을 들어올릴 수 있었다. → <u>그는 50킬로그램을 들어올릴 수 있었니?</u>
3) Jamie는 그때 TV를 보고 있었다. → <u>Jamie는 그때 TV를 보고 있었니?</u>

해설 1) be동사의 부정문은 be동사 바로 뒤에 not을 붙인다.
2) 「be able to-v」의 의문문은 「be + 주어 + able to-v ~?」로 쓴다.
3) 과거진행형의 의문문은 「be동사의 과거형 + 주어 + v-ing ~?」로 쓴다.

23 조동사 be going to / 과거진행형

해설 1) be going to는 '~할 예정이다'라는 뜻으로, be동사 뒤에 not을 붙여 부정문을 만든다.
2) '~하고 있었다'의 의미인 과거진행형은 「be동사의 과거형 + v-ing」의 형태로 만든다.

24 감각동사 + like / 동명사 관용 표현

해석 a. 너는 영화 배우처럼 보인다. b. 나는 지금 먹고 싶지 않아. 나는 배고프지 않아.

해설 a. 감각동사 look 다음에 명사(구)가 올 때는 전치사 like를 써서 '~처럼 보인다'라는 의미를 나타낸다. / b. '~하고 싶다'라는 의미의 동명사 관용 표현은 「feel like v-ing」이다.

25 to부정사의 형용사적 용법 / 감탄문 / 부사의 형태 / There + be동사

해석 1) 나는 쓸 모자가 필요하다 2) 그것은 참 아름다운 말이구나!

해설 3) 문맥상 '열심히'의 의미인 부사 hard가 필요하다. hardly는 '거의 ~않는'의 의미이다. (hardly → hard)
4) '~가 없다'라는 뜻의 「There isn't」 뒤에는 단수명사가 와야 하고, 「There aren't」 뒤에는 복수명사가 와야 한다. (isn't → aren't[are not])

어휘 hall 넓은 방, 홀

누적 총정리 모의고사

2회

1 ② 2 ① 3 ② 4 ② 5 ④ 6 ② 7 ⑤ 8 ③ 9 ② 10 ②
11 ② 12 ② 13 ④ 14 ④ 15 ③ 16 ③ 17 ③ 18 ③
19 ④ 20 ①, ② 21 and 22 1) There was 2) enjoyed
reading 3) sitting on 23 1) taller 2) aren't 3) am
24 1) When did you meet 2) How many seats are (there)
25 a. 관사 a 삭제 c. the worst → worse

01 부가의문문 / 의문사 / be동사의 의문문

해석 ② 누가 내 샌드위치를 먹었지?

해설 ① 부가의문문을 만들 때, 부정의 평서문 뒤에는 긍정의 부가의문문을 쓴다. (don't you → do you) ③ 평서문의 주어가 His goal로 사물을 나타내므로 부가의문문에는 대명사 it을 써야 한다. (wasn't he → wasn't it) ④ 주어가 3인칭 복수(Sam and Rosa)이므로, be동사 자리에 are를 써야 한다. (Is → Are) ⑤ 주어가 3인칭 단수(the restaurant)이므로 does를 써야 한다. (do → does)

어휘 coworker 동료

02 to부정사의 부사적 용법

해석 ① 나는 마실 것이 필요하다. ② 너는 건강해지기 위해 운동을 해야 한다. ③ 나는 시험을 봐야 해서 겁이 난다. ④ 그 소녀는 자라서 유명한 작가가 되었다. ⑤ 나는 에펠탑을 보기 위해 파리에 가고 싶다.

해설 ①의 밑줄 친 부분은 명사를 수식하는 형용사적 용법의 to부정사이고, 나머지는 모두 부사적 용법의 to부정사이다.

어휘 author 작가

03 인칭대명사와 격

해석 ① 나는 그의 이야기를 믿지 않는다. ② 이 카메라는 그의 것임에 틀림없다. ③ 그의 소설은 정말 유명하다. ④ 그의 비밀을 누구에게도 말하지 마라. ⑤ 그의 옷은 매우 비싸다.

해설 ②의 밑줄 친 his는 '그의 것'이라는 의미의 소유대명사이고, 나머지 밑줄 친 his[His]는 명사 앞에서 '그의'라는 의미를 나타내는 소유격 인칭대명사이다.

어휘 famous 유명한 secret 비밀

04 의문사 / 일반동사의 의문문 / 부가의문문

해석 ① 그는 지난 일요일에 무엇을 했니? ② 너는 오늘 저녁에 무엇을 할 거니? ③ 그는 지난 회의에 참석했니? ④ 너는 그 소식을 못 들었지, 그렇지? ⑤ 그들은 내 이름을 몰랐어, 그렇지?

해설 ②는 앞에 조동사 will이 있으므로 동사원형인 do가 들어가고 나머지 빈칸에는 모두 did[Did]가 들어간다.

05 감탄문 / 관사 / 물질명사의 수량 표현

해석 ① 정말 좋은 날이구나! ② 나는 일주일에 두 번 첼로 수업을 받는다. ③ 나에게 물 한 잔 주겠니? ④ 나는 주로 인터넷에서 물건을 산다. ⑤ 나는 오믈렛을 만들기 위해 토마토 하나가 필요하다.

해설 ④ Internet, radio와 같은 일부 매체 앞에는 정관사 the를 쓴다. 나머지 빈칸에는 모두 부정관사 a가 필요하다.

06 조동사 must

해석 ① 그 이야기는 사실임이 틀림없다. ② 너는 네 보고서를 제때에 제출해야 한다. ③ 넌 어젯밤 늦게까지 일했다. 너는 피곤함이 틀림없다. ④ Tim이 이 문제를 풀었다. 그는 천재임이 틀림없다. ⑤ 그녀는 항상 사탕을 먹는다. 그녀는 단 것을 아주 좋아함이 틀림없다.

해설 ②의 must는 '~해야 한다'라는 〈의무〉를 나타내며, 나머지는 '~임에 틀림없다'라는 의미의 〈강한 추측〉을 나타낸다.

어휘 hand in 제출하다 on time 시간을 어기지 않고, 정각에 genius 천재

07 의문사 + to부정사 / 의문사

해석 a. 우리는 누구에게 물어봐야 할지 모르겠다. b. Jeremy, 네 여동생과 같이 있는 저 소년은 누구니?

해설 a. 문맥상 빈칸에는 '누구와[누구를] ~할지'를 의미하는 「who + to부정사」의 who가 들어가는 것이 적절하다. / b. 빈칸에는 '누구'라는 의미의 의문사 who가 들어가는 것이 적절하다.

08 전치사 in

해석 a. 극장에서는 핸드폰을 사용하지 마라. b. 새 학기는 3월에 시작된다.

해설 a. '~안에'의 의미를 나타내는 전치사는 in이다. / b. 특정 월과 사용되어 '~에'의 의미를 나타내는 전치사는 in이다.

어휘 semester 학기

09 be동사 / There + be동사

해석 b. 상자 안에 오렌지 하나가 있다.

해설 a. 인칭대명사 They는 3인칭 복수형이므로, be동사도 복수형이 와야 한다. (was → were) / c. 「There + be동사」 뒤에 복수명사인 some mice가 왔으므로 be동사는 are가 와야 한다. (is → are) / d. am not은 amn't로 줄여 쓰지 않는다. (amn't → am not)

어휘 basement 지하실

10 형용사와 부사

해석 (A) 그들은 정말 열심히 일했다. (B) 나는 선생님의 목소리를 거의 들을 수 없었다. (C) 이 의자는 앉기에 너무 딱딱하다.

해설 (A) 문맥상 '열심히'를 의미하는 부사 hard가 들어가야 한다. / (B) 문

맥상 '거의 ~않는'을 의미하는 부사 hardly가 들어가야 한다. / (C) 문맥상 '딱딱한'의 의미인 형용사 hard가 들어가야 한다.

11 동명사 / 현재진행형

해석 나는 수영장에서 <u>수영하는 것</u>을 즐긴다.
① 나는 <u>울고</u> 싶었다. ② 그들은 밖에서 <u>기다리고</u> 있니? ③ 서로 <u>언쟁하는 것</u>을 그만 둬. ④ <u>별똥별을 보는 것</u>은 굉장했다. ⑤ 그의 직업은 중학생들을 <u>가르치는 것</u>이다.

해설 ②의 밑줄 친 부분은 진행형 「be동사 + v-ing」의 v-ing이며, 나머지는 모두 동명사이다. 주어진 문장과 ①, ③의 밑줄 친 부분은 문장에서 목적어 역할을 하는 동명사이고, ④는 주어 역할을 하는 동명사이며, ⑤는 보어 역할을 하는 동명사이다.

어휘 argue with ~와 언쟁을 하다, 다투다 each other 서로 shooting star 별똥별

12 목적격보어가 필요한 동사 (5형식) / 형용사

해석 a. 그녀는 이 책이 <u>어렵다는</u> 것을 알았다. b. 토요일이다. 나는 <u>재미 있는 것</u>을 할 것이다.

해설 a. found의 목적격보어로 형용사를 써야 하므로 difficult가 와야 한다. / b. something과 같이 -thing으로 끝나는 대명사는 형용사가 뒤에서 수식한다.

13 조동사

해석 ① 당신은 이곳에서 사진을 찍을 수 있습니다. ② 당신은 이곳에서 사진을 찍어도 좋습니다. ③ 당신은 이곳에서 사진을 찍어야만 합니다. ④ 당신은 이곳에서 사진을 찍어서는 안됩니다. ⑤ 당신은 이곳에서 사진을 찍을 필요가 없습니다.

해설 〈강한 금지〉를 나타내는 must not을 사용한 ④가 정답이다.

14 be동사의 의문문 / 일반동사의 의문문

해석 ① A: 그는 지금 공부하고 있니? B: 아니, 안 해.
② A: 예약하셨습니까, 손님? B: 아니요, 안했어요.
③ A: 질문 있니? B: 네, 있어요.
④ A: 너는 그보다 더 빠르니? B: 응, 너는 그래.
⑤ A: 그녀는 그를 만날까? B: 아니, 안 만나.

해설 ④ 'Are you ~?'로 물어볼 경우, 긍정의 대답은 Yes, I am.으로, 부정의 대답은 No, I am not.으로 한다. (Yes, you are. → Yes, I am.)

15 문장의 형식

해석 ① 너는 나를 알아보겠니? ② 나는 우리 가족을 너에게 소개할 것이다. ③ Austin은 그의 부모님에게 꽃을 보냈다. ④ 누가 너에게 이 초콜릿을 주었니? ⑤ 너는 오늘밤 침낭을 가져와야 한다.

해설 ③은 「주어 + 동사 + 간접목적어 + 직접목적어」 어순의 4형식 문장이고, 나머지는 모두 「주어 + 동사 + 목적어」 어순의 3형식 문장이다.

어휘 recognize 알아보다 introduce 소개하다 sleeping bag 침낭

16 동사의 시제

해석 ① 그는 어제 바빴다. ② 나는 지금 숙제를 하는 중이다. ④ 너는 지난주에 그 영화를 보러 갔니? ⑤ 그녀는 오후 2시에 점심을 먹는 중이었다.

해설 ③ have와 같이 〈소유〉를 나타내는 동사는 진행형으로 쓰지 않는다. (are having → have)

17 be동사 / 비인칭주어 it / to부정사의 목적어 역할 / 조동사 / 명사의 복수형

해석 ① 나는 노래를 잘 못 부른다. ② 오늘은 1월 1일이다. ④ 그 아기는 곧 걸을 수 있을 것이다. ⑤ 거리에 세 명의 여자들이 있다.

해설 ③ decide는 to부정사를 목적어로 쓰는 동사이다. (buy → to buy)

18 동명사 / to부정사

해석 ① 그는 빵을 <u>굽는 것</u>에 흥미가 있다. ② 그 영화는 우주를 <u>여행하는 것</u>에 관한 것이다. ④ 중국 역사를 <u>배우는 것</u>은 흥미로웠다. ⑤ Ferraro 씨가 <u>무엇을 할지</u> 설명해 줄 것이다.

해설 ③ 「keep ~ from v-ing」는 '~가 …하지 못하게 막다'라는 의미의 동명사 관용 표현이다. (to sleep → sleeping)

19 의문사 / 조동사 will / 전치사 at / 일반동사의 부정문

해석

오늘의 일정	
시간	할 일
오후 3시 – 5시	영화 보기
?	친구들과 야구하기

질문: 너는 언제 영화를 볼 거니?
대답: 나는 오후 3시에 영화를 보기 시작할 거야.
질문: 너는 친구들과 무엇을 할 거니?
대답: 야구를 할 거야. 하지만 우리가 언제 할지는 몰라.

해설 ①에는 의문사 When이, ②에는 조동사 will이, ③에는 전치사 at이, ④에는 의문사 What이, ⑤에는 일반동사의 부정형인 don't가 들어가야 한다.

20 There + be동사 / remember + 동명사 / 명령문 / 비교급 강조

해석 ① 공원에는 두 그루의 나무가 있었다. ② 이제 나는 그에게 이메일을 보냈던 것을 기억한다.

해설 ① 「There + be동사」는 '~가 있다[있었다]'라는 의미를 나타내고, 이 때 There를 '거기에'라고 해석하지 않는다. ② 「remember + 동명사」는 '(과거에) ~했던 것을 기억하다'라는 의미이다. '(앞으로) ~할 것을 기억하다'라는 의미는 「remember + to부정사」로 쓴다.

21 명령문 + and / 등위접속사

해석 a. 책을 두 권 사세요, 그러면 사은품을 받으실 수 있습니다.
b. 나는 빵을 만들기 위해 밀가루, 계란, 그리고 버터가 필요하다.

해설 a. 빈칸에는 명령문 뒤에서 '그러면'의 의미를 갖는 접속사 and가 들어가야 한다. / b. 빈칸에는 앞의 flour, eggs와 뒤의 butter를 대등하게

연결해 주는 등위접속사 and가 들어가야 한다.

어휘 flour 밀가루

22 There + be동사 / 동명사의 목적어 역할 / 과거진행형

해설 1) '~가 있다[있었다]'는 「There + be동사」의 형태로 나타낸다. 뒤에 단수 명사 a bench가 왔고, 과거시제이므로 be동사는 was를 쓴다.
2) 과거시제이므로 enjoy를 과거형으로 쓰고, enjoy는 동명사를 목적어로 쓰는 동사이므로 뒤에 reading을 쓴다.
3) '~하고 있었다'라는 뜻의 과거진행형은 「be동사의 과거형 + v-ing」로 쓴다.

23 비교급 / 부가의문문

해석 A: 너는 네 남동생보다 키가 더 크지, 그렇지 않니? B: 응, 그래.

해설 1) 빈칸 뒤에 전치사 than이 있으므로, 빈칸에는 형용사의 비교급 taller가 들어가야 한다.
2) 부가의문문을 만들 때, 긍정의 평서문 뒤에는 부정의 부가의문문을 써야 하고, 평서문에 be동사가 있으므로 부가의문문에도 be동사를 써야 한다.
3) 대답이 Yes로 시작하므로 긍정의 대답을 해야 한다. 1인칭 I와 함께 쓰이는 현재형 be동사는 am이다.

24 의문사

해석 〈예시〉 나는 엄마를 위해 치킨 수프를 요리했다. → 너는 엄마를 위해 무엇을 요리했니?
1) 나는 내 남편을 2013년에 만났다. → 너는 언제 네 남편을 만났니?
2) 콘서트 홀에는 200개의 의자가 있다. → 콘서트 홀에는 몇 개의 의자가 있니?

해설 1) '언제'에 대해 묻는 의문사는 When이다.
2) '얼마나 많은'의 의미는 「how many + 셀 수 있는 명사」로 쓴다.

25 감탄문 / 원급 비교 / 비교급 비교 / 물질명사의 수량 표현

해석 b. Debby의 머리카락은 내 것 만큼 길다.   d. 나는 치즈 두 장이 필요해.

해설 a. 뒤에 복수 명사 people이 왔으므로 앞에 부정관사 a를 쓰지 않는다. (관사 a 삭제) / c. 전치사 than은 비교급 형용사와 함께 쓰인다. (the worst → worse)

3회

1 ③ 2 ② 3 ⑤ 4 ④ 5 ⑤ 6 ① 7 ④ 8 ④ 9 ① 10 ④
11 ⑤ 12 ② 13 ① 14 ③ 15 ② 16 ⑤ 17 ② 18 ②, ⑤
19 ③ 20 ②, ⑤ 21 1) two pieces[slices] of pizza, a glass[cup] of milk 2) two apples, a cup of coffee
22 1) their 2) Their 3) they 23 1) How many brothers and sisters do you have 2) What does she look like
24 1) not as[so] long as 2) bigger than 25 1행: to collect → collecting 4행: trading → trade

01 조동사

해석 a. 나는 어떤 외국어도 말할 줄 모른다.   b. 유감스럽지만 넌 여기 머물 수 없어.

해설 '~할 수 있다'와 '~해도 좋다'라는 뜻의 〈능력, 가능〉과 〈허가〉를 모두 나타내는 말은 can이며, 문맥상 부정을 나타내는 말이어야 하므로 can't가 들어가야 한다.

02 의문사 when / 종속접속사 when

해석 a. 너는 숙제를 언제 끝낼 거니?   b. 계단을 내려갈 때 조심해라.
① 무엇 ② 언제, ~할 때 ③ 어떻게 ④ ~때문에 ⑤ 그래서

해설 a. '언제'라는 의미의 의문사 When이 들어가야 한다. / b. '~할 때'라는 의미의 부사절을 이끄는 종속접속사 when이 들어가야 한다.

어휘 stair 계단

03 부가의문문

해석 네가 이 복사기를 고쳤지, 그렇지 않니?

해설 ⑤ 일반동사 과거형이 사용된 긍정의 평서문이므로 부가의문문은 didn't you가 들어가는 것이 적절하다

어휘 fix 고치다   copy machine 복사기

04 동명사 관용 표현

해석 우리는 저 아이를 사랑하지 않을 수 없다.

해설 ④ '~하지 않을 수 없다'는 의미의 동명사 관용 표현은 「cannot help v-ing」이다.

05 비인칭주어 it과 인칭대명사 it

해석 ① 여기는 매우 어둡다.   ② 지금은 31도이다.   ③ 오늘은 7월 11일이다.   ④ 내일은 바람이 불 것이다.   ⑤ 그것은 읽기에 흥미로운 책이다.

해설 ⑤의 밑줄 친 It은 사물을 지칭할 때 쓰이는 인칭대명사 It이고, 나머지는 모두 〈명암·온도·날짜·날씨〉를 나타낼 때 문장의 주어로 쓰이는 비인칭 주어 It이다.

어휘 degree (온도 단위인) 도

06 to부정사의 부사적 용법

해석 ① 파리는 방문하기에 아름다운 도시이다. ② 나는 깨어있기 위해 진한 커피를 마셨다. ③ John은 일출을 보기 위해 일찍 일어났다. ④ 하나는 잡지를 사기 위해 서점에 갔다. ⑤ 나는 예약을 변경하기 위해 병원에 전화했다.

해설 ①은 앞의 명사구(a beautiful city)를 꾸며주는 형용사적 용법의 to부정사이고 나머지는 모두 〈목적〉을 나타내는 부사적 용법의 to부정사이다.

어휘 awake 깨어있는 sunrise 일출 appointment 약속

07 일반동사의 의문문 / be동사의 의문문

해석 ① 너는 지난 주말에 뭘 했니? ② 그들은 언제 Jay를 마지막으로 만났니? ③ 너는 작년에 휴가로 어디에 갔었니? ④ 너는 어제 수업에 왜 늦었니? ⑤ 그는 어젯밤에 왜 나에게 전화를 했지?

해설 ④ yesterday는 과거를 나타내는 표현이고 주어가 2인칭 단수이므로 be동사의 과거형인 were를 써야 한다. 나머지는 모두 과거를 나타내고 뒤에 일반동사가 있으므로 did가 들어간다.

08 명사절을 이끄는 종속접속사

해석 ① 저 파란 셔츠를 볼 수 있을까요? ② 저쪽에 있는 저 사람은 Timothy이다. ③ 책상 위에 있는 저 책은 나의 것이다. ④ 우리는 네가 경기에서 이길 것이라는 것을 알았다. ⑤ 그녀는 저 아파트에 살고 있다.

해설 ④의 밑줄 친 that은 목적어 역할을 하는 명사절을 이끄는 종속접속사로 생략할 수 있다. 나머지는 명사 앞에 쓰여 '저 ~'라는 의미를 나타내거나 단독으로 쓰여 '저것, 저 사람'의 의미를 나타내는 that이다.

09 시간을 나타내는 전치사

해석 (A) 발렌타인데이는 2월이다. (B) 그 TV 프로그램은 매일 정오에 시작한다. (C) 할로윈에 사람들은 아이들에게 사탕을 준다.

해설 (A) 월, 연도, 계절, 오전/오후와 같이 비교적 긴 시간에는 전치사 in을 쓴다. / (B) 구체적인 시각이나 하루의 때를 나타낼 때는 전치사 at을 쓴다. / (C) 날짜, 요일, 특정한 날 앞에는 전치사 on을 쓴다.

10 조동사 have to / 물질명사의 수량 표현

해설 ④ '~해야 했다'는 조동사 have to의 과거형인 had to로 나타낼 수 있고, 물질명사 furniture는 셀 수 없는 명사이므로 단위 piece를 사용해서 수량을 나타낸다.

11 비교급 강조

해설 ⑤ '더 재미있는'이라는 뜻은 형용사 fun의 비교급인 more fun으로 쓰며, 비교급을 강조하는 부사인 a lot, much, even, far, still 등을 비교급 앞에 써서 '훨씬'의 의미를 나타낸다.

12 형용사 / 비교 / 일반동사의 과거형

해석 b. 그녀의 다리는 내 다리보다 더 길다. d. 그는 어제 만화책을 읽었다.

해설 a. something처럼 -thing으로 끝나는 대명사는 형용사가 뒤에서 수식한다. (cold something → something cold) / c. 동사 go의 과거형은 went이다. (goed → went)

13 조동사 / 명령문 / 수량형용사 / 의문사

해설 ① have to의 부정형인 don't have to는 '~할 필요가 없다'의 의미로 〈불필요〉를 나타낸다. '~하면 안 된다'의 〈강한 금지〉는 must not으로 쓴다.

어휘 get hurt 다치다 throw a party 파티를 열다

14 비교

해석 ① 수프는 나초만큼 싸다. ② 나초는 스파게티보다 더 싸다. ③ 스파게티는 피자만큼 싸지 않다. ④ 샐러드는 나초보다 더 비싸다. ⑤ 피자는 메뉴에서 가장 비싼 품목이다.

해설 스파게티는 피자보다 싸므로, ③의 문장은 Spaghetti is cheaper than pizza. 등으로 바꿔야 한다.

15 to부정사의 목적어 역할 / 동명사의 목적어 역할

해석 a. 엄마는 부엌 청소하는 것을 끝내셨다. b. 우리는 휴가에 로마에 가기로 결정했다.

해설 a. finish는 동명사를 목적어로 쓰는 동사이다. / b. decide는 to부정사를 목적어로 쓰는 동사이다.

16 감각동사 + 형용사 (2형식) / 수량형용사 / 동명사 / 진행형 / 조건을 나타내는 부사절에서의 시제

해석 ⑤ 비가 온다면, 우리는 내일 소풍을 가지 않을 것이다.

해설 ① smell과 같은 감각동사 뒤에는 형용사가 와야 한다. (nicely → nice) ② 셀 수 있는 명사(friends) 앞에는 수량형용사 many를 쓴다. 수량형용사 much 뒤에는 셀 수 없는 명사가 온다. (much → many) ③ 주어로 쓰인 동명사구는 단수 취급한다. (are → is) ④ want처럼 〈생각〉을 나타내는 동사는 진행형으로 쓸 수 없다. (am wanting → want)

어휘 go on a picnic 소풍 가다

17 4형식 문장의 3형식 전환

해석 ① 이모가 나에게 새 책가방을 사 주셨다. ② 그녀는 우리에게 그녀의 아이 사진 몇 장을 보여주었다. ③ Brian은 동료들에게 도넛을 가져다 주었다. ④ Carson 씨는 중학생들에게 과학을 가르친다. ⑤ 그녀는 나에게 수프 한 그릇을 만들어 주었다.

해설 ② 4형식 문장을 3형식으로 전환할 때, 동사 show는 간접목적어 앞에 전치사 to를 쓴다.

어휘 backpack 책가방, 배낭 colleague 동료

18 명사의 복수형 / 조동사 / 현재시제 / 목적격보어가 필요한 동사 (5형식)

해석 ① 그 요리사는 세 자루의 칼이 있다. ③ 나는 그 상자를 들어 올릴 수 없었다. ④ 마드리드는 스페인의 수도이다.

해설 ② 명사 sheep은 복수형이 단수형과 같다. (sheeps → sheep) ⑤ 사역동사 make는 목적격보어로 동사원형이 온다. (to wait → wait)

어휘 chef 요리사 sheep 양 hill 언덕 capital 수도

19 감탄문 / 목적격보어가 필요한 동사 (5형식) / 부가의문문 / 조동사

해석 a. 바람이 참 세구나! b. 아빠는 나에게 책을 읽게 하셨다. c. 나는 이 휴일이 끝나기를 원하지 않는다.

해설 d. 부가의문문을 만들 때, 긍정의 평서문 뒤에는 부정의 부가의문문을 쓰며, 시제는 평서문의 시제에 일치시킨다. (is she → wasn't she) / e. '~할 수 있다'라는 의미의 조동사는 be able to이며, 뒤에 동사원형이 온다. (be able meet → be able to meet)

20 목적어가 두 개 필요한 동사 (4형식)

해석

지수의 가족 구성원	지수가 가족들에게 한 일
할아버지	카드 쓰기
할머니	머리핀 만들기
엄마	스카프 사기
아빠	비빔밥 요리하기
남동생	과학 가르치기

① 지수는 할아버지에게 카드를 써 드렸다. ③ 지수는 엄마에게 스카프를 사 드렸다. ④ 지수는 아빠에게 비빔밥을 요리해 드렸다.

해설 ② 「수여동사 + 직접목적어 + 전치사 + 간접목적어」의 어순으로 쓸 때, 동사 make는 전치사 for를 쓴다. (to her grandma → for her grandma) ⑤ 동사 teach는 간접목적어 앞에 전치사 to를 쓴다. (of her brother → to her brother)

21 물질명사의 수량 표현 / 명사의 복수형

해석 1) Michael은 피자 두 조각과 우유 한 잔을 주문했다.
2) Janet은 사과 두 개와 커피 한 잔을 주문했다.

해설 1) pizza는 셀 수 없는 명사로 단위(piece 또는 slice)를 써서 수량을 나타내며, 둘 이상의 수량은 단위를 복수형으로 쓴다. 마찬가지로 milk도 단위(glass 또는 cup)를 써서 수량을 나타내며, 단수로 표현하고 싶을 경우 단위 앞에 부정관사 a를 붙인다.
2) apple은 셀 수 있는 명사로 '-s'를 붙여 복수형을 나타낸다. coffee는 셀 수 없는 명사로 단위(cup)를 써서 수량을 나타내며, 단수로 표현하고 싶을 경우 a cup of로 쓴다.

22 인칭대명사와 격

해석 Sarah와 그녀의 남편은 작년 봄에 괌으로 1) 그들의 신혼여행을 갔다. 2) 그들의 호텔은 바다 옆에 있어서, 3) 그들은 해변에서 좋은 시간을 보냈다.

해설 1) 명사 honeymoon 앞에서 '~의'라는 의미를 나타낼 때는 소유격 형태의 인칭대명사를 쓴다.

2) 명사 hotel 앞에서 '~의'라는 의미를 나타낼 때는 소유격 형태의 인칭대명사를 쓴다.
3) 주어 자리에는 주격 인칭대명사가 들어가야 한다.

어휘 honeymoon 신혼여행

23 의문사

해석 A: 1) 너는 형제와 자매가 몇 명 있니? B: 남동생 한 명과 여동생 한 명이 있어. 내 여동생은 저쪽에서 축구를 하고 있어. A: 2) 그녀는 어떻게 생겼어? B: 그녀는 키가 제일 큰 여자애야. 그녀는 곱슬머리야. A: 아, 그녀가 보여.

해설 1) 〈수량〉을 물어볼 때 쓸 수 있는 표현은 'How many ~?'로, 뒤에 셀 수 있는 명사가 온다.
2) look like는 '~처럼 생기다'의 뜻으로, 〈외모〉를 물어볼 때는 앞에 의문사 What을 쓰고, 「의문사 + 동사 + 주어 ~?」의 순으로 배열한다.

어휘 curly 곱슬머리의

24 원급 비교 / 비교급 비교

해석 1) 빨간 뱀은 노란 뱀만큼 길지 않다.
2) 파란 차가 하얀 차보다 더 크다.

해설 1) '~만큼 …하지 않은'의 의미는 「not as[so] + 원급 + as」로 쓴다.
2) '~보다 더 …한'의 의미는 「비교급 + than」으로 쓴다.

25 동명사의 목적어 역할 / 의문사

해석 나는 야구를 좋아하고, 야구 카드를 모으는 것을 즐겨. 나는 쿠바 카드를 10장 가지고 있고 미국 카드를 10장 가지고 있어. 너도 야구 카드를 가지고 있니? 우리 교환하는 게 어때?

해설 1행: enjoy는 동명사를 목적어로 쓰는 동사이다. (to collect → collecting)
4행: '~하는 게 어때?'라는 의미의 「Why don't we ~?」 다음에는 동사원형이 와야 한다. (trading → trade)

어휘 trade 교환하다, 맞바꾸다

누적 총정리 모의고사

4회

1 ① 2 ⑤ 3 ④ 4 ⑤ 5 ⑤ 6 ② 7 ④ 8 ③ 9 ⑤ 10 ②
11 ④ 12 ③ 13 ① 14 ⑤ 15 ③,⑤ 16 ② 17 ③ 18 ②
19 ⑤ 20 ③ 21 should get some rest at home
22 1) often reads books 2) seldom goes to the movies
23 1행: live → lives 4행: are talk → are talking 또는 talk
24 1) goes to 2) has 3) likes spring 4) doesn't like
summer 25 a glass of juice and two pieces of bread

01 인칭대명사와 격
해설 ①은 인칭대명사의 '주격(목적격) – 소유격'의 관계이고, 나머지는 모두 '소유격 – 소유대명사'의 관계이다.

02 동명사의 목적어 역할
해석 Bella는 소설을 쓰는 것을 _____.
① 포기했다 ② 끝냈다 ③ 아주 좋아했다 ④ 즐겼다 ⑤ 배웠다
해설 ⑤ learn은 to부정사를 목적어로 쓰는 동사이다.

03 일반동사의 부정문
해석 _____는(은) 매운 음식을 좋아하지 않는다.
① 나 ② 우리 ③ 그들 ④ 나의 남동생 ⑤ 너
해설 「don't + 동사원형」 형태의 부정문이 쓰였으므로 주어는 1인칭, 2인칭이거나 3인칭 복수가 되어야 한다. ④ My brother는 3인칭 단수이므로 빈칸에 쓸 수 없다.

04 일반동사의 현재형
해석 _____는(은) 고전 음악을 좋아한다.
① 손 씨 ② Sam ③ 나의 아빠 ④ 그 소년 ⑤ Mia와 나
해설 enjoys는 주어가 3인칭 단수일 때 쓰이는 일반동사의 현재형으로, 복수인 ⑤ Mia and I는 빈칸에 쓸 수 없다.
어휘 classical music 클래식, 고전 음악

05 to부정사의 부사적 용법
해석 우리는 함께 크리스마스를 보내기 위해 뉴욕에 갔다.
① 나는 읽을 책이 몇 권 있다. ② 너는 잠시 쉬어야 한다. ③ 제시간에 그곳에 도착하는 것은 불가능하다. ④ 나는 너에게 말해 줄 흥미로운 이야기를 가지고 있다. ⑤ 그는 달걀을 사기 위해 시장에 갔다.
해설 주어진 문장과 ⑤의 밑줄 친 부분은 〈목적〉을 나타내는 부사적 용법의 to부정사이다. ①과 ④는 형용사적 용법의 to부정사, ②는 동사의 목적어로 쓰인 명사적 용법의 to부정사, ③은 진주어로 쓰인 명사적 용법의 to부정사이다.
어휘 relax 휴식을 취하다 for a while 잠시 in time 제시간에

06 to부정사의 명사적 용법
해석 나는 이 대학에서 법학을 공부하기를 바란다.
① 나는 아들을 보려고 이곳에 왔다. ② 우리는 캠핑을 가기로 정했다. ③ 그들은 그 소식을 듣고 슬펐다. ④ Amy는 머리를 자르기 위해 미용실에 갔다. ⑤ 지훈이는 자라서 유명한 가수가 되었다.
해설 주어진 문장과 ②의 밑줄 친 부분은 목적어로 쓰인 명사적 용법의 to부정사이다. ①과 ④는 〈목적〉을, ③과 ⑤는 각각 〈감정의 원인〉과 〈결과〉를 나타내는 부사적 용법의 to부정사이다.
어휘 law 법; 법학

07 비교
해석 a. 이 자전거는 자동차만큼 비싸다. b. 너는 나보다 영어를 더 잘 말할 수 있다. c. 세상에서 가장 빠른 동물은 무엇이니? d. 이것은 이 매장에서 가장 비싼 가방이다.
해설 a. '~만큼 …한'의 의미는 「as + 원급 + as」로 나타낸다. 따라서, 빈칸에는 ⑤ as가 들어가야 한다. / b. '~보다 …한'의 의미는 「비교급 + than」으로 나타낸다. 따라서, 빈칸에는 ② than이 들어가야 한다. / c. '가장 ~한'의 의미는 「the + 최상급」으로 나타내므로 빈칸에는 ③ the가 들어가야 한다. / d. expensive처럼 3음절 이상의 단어를 최상급으로 만들 때, 앞에 ① most를 붙인다.

08 접속사
해석 a. Haley는 키가 크지만, 그녀의 여동생은 그렇지 않다. b. 나는 사과 하나와 오렌지 하나를 샀다. c. 나가기 전에 불을 끄세요. d. 그 아기는 배가 고팠기 때문에 울고 있었다.
해설 a. 절과 절을 연결하고 있고, 문맥상 '그러나'라는 의미가 들어가야 하므로 ② but이 들어가야 한다. / b. 단어와 단어를 연결하고 있고, 문맥상 '그리고'라는 의미가 들어가야 하므로 ① and가 들어가야 한다. / c. 문맥상 '~하기 전에'라는 의미의 종속접속사 ④ before가 들어가야 한다. / d. 문맥상 '~때문에'라는 의미의 종속접속사 ⑤ because가 들어가야 한다.

09 의문사
해석 질문: Mary는 어떻게 생겼니? 대답: _____
① 그녀는 말랐어. ② 그녀는 키가 매우 커. ③ 그녀는 빨간 머리를 가졌어. ④ 그녀는 갈색 눈을 가졌어. ⑤ 그녀는 축구 선수야.
해설 주어진 질문은 〈외모〉를 물어보는 표현이므로, 〈직업〉과 관련된 대답인 ⑤는 질문의 답으로 적절하지 않다.

10 감각동사 + 형용사 (2형식)
해석 이 젤리는 신맛이 난다.
① 나는 지금 정말 배고픔을 느낀다. ② 그녀는 보통 안경을 착용한다. ③ 그의 양말은 더러워 보인다. ④ 그 치즈는 안 좋은 냄새가 난다. ⑤ 그의 휴가 계획은 재미있게 들린다.

해설 주어진 문장과 ①, ③, ④, ⑤의 문장들은 모두 2형식이며, ②는 「주어 + 동사 + 목적어」의 3형식 문장이다.

11 목적어가 두 개 필요한 동사 (4형식)

해석 박 선생님은 우리에게 한국사를 가르치신다.
① 저에게 파일을 보내주세요.   ② 저에게 지도를 보여 주시겠어요?   ③ 그는 나에게 많은 질문을 했다.   ④ 나는 Williams 씨에게 차 한 잔을 드렸다.
⑤ 할머니가 나에게 조언을 해 주셨다.

해설 주어진 문장과 ①, ②, ③, ⑤의 문장들은 모두 4형식이며, ④는 3형식 문장이다.

어휘 advice 조언

12 전치사 on

해석 a. 이 숟가락들을 식탁 위에 좀 놔주세요.   b. 너는 네 생일에 무엇을 할 거니?

해설 a. '~위에'를 의미하는 장소를 나타내는 전치사 on이 와야 한다. / b. 특정한 날과 쓰이는 전치사는 on이다.

13 형용사와 부사

해석 ① 나의 개는 못생긴 얼굴을 가졌다.   ② 그들은 방 안에 조용히 앉아 있었다.   ③ Tom과 Jane은 최근에 결혼했다.   ④ 좀 더 천천히 말씀해 주시겠어요?   ⑤ 너는 그 문제에 대해 진지하게 생각해야 한다.

해설 ①의 밑줄 ugly는 뒤의 명사를 수식하는 형용사이고, 나머지는 모두 형용사나 동사를 수식하는 부사이다.

어휘 ugly 못생긴   married 결혼을 한   seriously 진지[심각]하게

14 동명사의 역할

해석 ① 나의 직업은 벽을 칠하는 것이다.   ② 프랑스어를 배우는 것은 쉽지 않다.   ③ 나는 그녀에 대해서 생각하는 것을 멈출 수 없다.   ④ 그녀는 매일 아침 운동하기를 시작했다.   ⑤ 그들은 켄자스로 이사가는 것에 대해서 이야기하고 있다.

해설 ⑤ 밑줄 친 부분은 전치사 about의 목적어 역할을 하는 동명사이다.

어휘 French 프랑스어

15 인칭대명사와 be동사

해석 A: 그 큰 상자 안에 뭐가 들었니?   B: 그것은 나의 새 자전거야.

해설 문장의 주어와 동사 자리가 비어 있고 빈칸 뒤에 단수명사가 나왔으므로, 이를 대신할 수 있는 주격 인칭대명사 It과 be동사 is가 적절하다. It is는 It's로 줄여 쓸 수 있다.

16 try + to부정사

해설 「try + to부정사」는 '~하려고 노력하다'의 의미이고, 「try + 동명사」는 '(시험 삼아) ~해 보다'의 의미이다.

17 동사의 시제 / 일반동사의 부정문

해석 ① 나는 이틀 전에 감기에 걸렸다.   ② Amy는 어제 알약을 먹었니?
④ 아빠는 지금 부엌에서 저녁을 하고 계신다.   ⑤ 그는 매달 의사에게 간다.

해설 ③ 현재시제에서 주어가 3인칭 단수일 때, 일반동사 현재형의 부정문은 「doesn't + 동사원형」의 형태로 만든다. (doesn't likes → doesn't like)

어휘 catch a cold 감기에 걸리다   take a pill 알약을 먹다

18 일반동사 / 동사의 시제 / There + be동사

해석 ① 그는 야구를 좋아하니?   ③ Joey는 그의 친구들을 파티에 데리고 왔다.   ④ 나는 부산으로의 가족 여행을 계획 중이다.   ⑤ 이 마을에는 커피숍이 많다.

해설 ② 주어가 3인칭 단수이고, miss처럼 -s로 끝나는 동사는 끝에 -es를 붙여서 동사의 현재형을 나타낸다. (miss → misses)

어휘 plan 계획하다

19 비인칭주어 / There + be동사 / be동사의 과거형 / 일반동사의 과거형

해석 사막은 매우 덥고 건조했다. 물이나 풀도 거의 없었다. 낙타들은 목이 마르고 배가 고팠다. 그들은 힘든 시간을 보냈다. 하지만 그들은 그곳에서 새로운 생존 방법을 찾아냈다.

해설 ⑤ 동사 find의 과거형은 found이다. (finded → found)

어휘 desert 사막   little 거의 없는[아닌]   camel 낙타   survive 살아남다

20 인칭대명사 it과 비인칭주어 it

해석 ① 나는 그것을 보지 않았다.   ② 너는 그것을 믿을 수 있니?   ③ 12월 25일이었다.   ④ 그것은 Kelly를 위해 만들어졌다.   ⑤ 그것은 나의 새 휴대전화이다.

해설 ③의 It은 〈날짜〉를 나타낼 때 문장의 주어로 쓰는 비인칭주어 It이고, 나머지는 모두 인칭대명사 It[it]이다.

어휘 brand new 완전 새 것인

21 조동사

해석 A: 몸이 안 좋아 보이네. 무슨 일 있니?   B: 오늘 몸이 안 좋아. 배가 아프거든.   A: 너는 집에서 좀 쉬는 게 좋겠다.

해설 「주어 + 조동사(should) + 동사원형」의 어순에 유의하여 단어를 배열하도록 한다.

어휘 well 건강한, 건강이 좋은   stomach 복부, 배   hurt 아프다   get some rest 휴식을 취하다

22 빈도부사

해석

누가?	무엇을?	얼마나 자주?
유미	샤워하기	매일

Amy	독서하기	일주일에 네 번
Jay	영화 보러 가기	1년에 한 번

〈예시〉 유미는 항상 샤워를 한다.

1) Amy는 자주 책을 읽는다.

2) Jay는 좀처럼 영화를 보러 가지 않는다.

해설 1) 빈도부사는 일반동사 앞에 쓴다. '일주일에 네 번'은 빈도부사 often(자주)으로 나타낼 수 있다.

2) '1년에 한 번'은 빈도부사 seldom(좀처럼 ~않는)으로 나타낼 수 있다.

23 동사의 시제

해석 지원이는 소라의 친구이다. 그는 부모님과 여동생과 함께 산다. 그의 아버지는 한국인이고, 어머니는 필리핀 출신이다. 지원이는 영어를 잘 말한다. 지금 지원이와 소라는 교실 안에서 이야기하고 있다.

해설 1행: 현재시제에서 주어가 3인칭 단수일 때, 대부분의 동사는 끝에 -(e)s를 붙여 동사의 형태를 바꾼다. (live → lives)

4행: Now라는 부사가 쓰였으므로 현재진행형 또는 현재시제로 쓴다. (are talk → are talking 또는 talk)

24 일반동사의 현재형 / 일반동사의 부정문

해석

이름	설미
학교	세계 중학교에 다닌다
애완동물	고양이가 있다
좋아하는 계절	봄
좋아하지 않는 계절	여름

여기는 내 친구 설미야. 그녀는 세계 중학교 1) 에 다녀. 그녀는 고양이 한 마리를 2) 가지고 있어. 그녀는 3) 봄을 좋아해, 하지만 그녀는 4) 여름을 좋아하지 않아.

해설 1) 주어가 3인칭 단수일 때, 동사 go의 현재형은 goes로 쓴다.

2) 주어가 3인칭 단수일 때, 동사 have의 현재형은 has로 쓴다.

3) 주어가 3인칭 단수일 때, 동사 like의 현재형은 likes로 쓴다.

4) 주어가 3인칭 단수일 때, 일반동사 현재형의 부정문은 「doesn't + 동사 원형」의 형태로 쓴다.

25 물질명사의 수량 표현

해설 물질명사 juice를 세는 단위는 glass이고, bread를 세는 단위는 piece이다. '한 잔의 주스'는 a glass of juice로, '두 조각의 빵'은 two pieces of bread로 나타낸다.

누적 총정리 모의고사

5회

1 ④ 2 ③ 3 ③ 4 ② 5 ③ 6 ① 7 ② 8 ⑤ 9 ③ 10 ①
11 ② 12 ② 13 ③ 14 ⑤ 15 ②, ④ 16 ③ 17 ③ 18 ②
19 ① 20 ② 21 1) Yes, I am 2) doesn't he 22 1) Be kind to others. 2) Let's go to the park. 3) Let's not play the computer game. 4) How tall the tree is! 23 go shopping 24 1) I am going to wake up 2) I will be 25 2행: to sing → singing / 3행: playing → to play

01 조동사

해석 내가 너의 우산을 빌려도 되니?

해설 주어진 문장의 Can은 '~해도 좋다'라는 〈허가〉의 의미를 나타내는 것으로 같은 의미로 쓸 수 있는 것은 ④ May이다.

02 명령문 / 부가의문문

해석 ① A: 당신의 표를 저에게 보여 주세요. B: 여기 있어요.

② A: 넌 쇼핑을 좋아하지, 그렇지 않니? B: 아니, 안 좋아해.

③ A: 개에게 어떤 간식도 주지 마라. B: 응, 줄게.

④ A: 오후 네 시에 만나자. B: 미안하지만, 그럴 수 없어.

⑤ A: 그는 바이올린을 연주할 수 있지, 그렇지 않니? B: 응, 할 수 있어.

해설 ③ 개에게 간식을 주지 말라고 지시하는 A의 말에, 알겠다고 하면서 간식을 주겠다는 B의 대답은 어색하다. (Okay, I will. → Okay, I won't.)

03 명령문 / 감탄문 / 부가의문문

해석 ① A: 지금 집에 가자. B: 아니야, 그러고 싶지 않아.

② A: 창문 밖을 봐! 눈이 오고 있어! B: 와, 정말 아름답구나!

③ A: 그녀는 금발 머리를 가졌지, 그렇지 않니? B: 응, 그렇지 않아.

④ A: 너는 사무실로 돌아가지 않을 거야, 그렇지? B: 응, 안 돌아갈 거야.

⑤ A: John에게 안부를 전해줘. B: 응, 그럴게.

해설 ③ 부가의문문에 Yes로 대답했으므로 긍정의 내용이어야 한다. (she doesn't → she does)

어휘 blond 금발인 say hello to ~에게 안부를 전하다

04 수량형용사

해석 ① 그 비밀을 아는 사람이 거의 없다. ③ 컵 안에 차가 조금 있다.

④ 그녀는 이미 해외로 나갈 기회가 몇 번 있었다. ⑤ 너는 드레스에 돈을 많이 썼니?

해설 ② a few는 '(수가) 약간의'의 의미로, 뒤에 셀 수 있는 명사가 와야 한다. 뒤에 셀 수 없는 명사 time이 있으므로, a few는 '(양이) 약간의'의 의미

인 a little로 고쳐야 한다. (a few → a little)

어휘 secret 비밀 chance 기회 abroad 해외에

05 물질명사의 수량 표현

해석 ① 그는 우리에게 충고를 하나 했다. ② 너에게 뜨거운 우유 한 잔을 줄게. ④ 우리는 파티에서 와인 두 잔을 마셨다. ⑤ 샌드위치는 빵 두 장으로 만들어진다.

해설 ③ 물질명사 paper는 셀 수 없는 명사로, sheet나 piece의 단위를 사용하여 수량을 표현하며, 둘 이상의 수량은 단위를 복수형으로 쓰고, 물질명사는 단수형으로 쓴다. (five sheets of papers → five sheets of paper)

어휘 advice 충고, 조언 sheet (종이) 한 장

06 시간을 나타내는 전치사

해석 ② 나는 여기서 오랫동안 기다렸다. ③ 그녀는 매일 정오에 점심을 먹는다. ④ 나의 어머니의 생신은 8월이다. ⑤ 그들은 주말 동안 절을 방문했다.

해설 ① 요일 앞에 쓰는 전치사는 on이다. (at → on)

어휘 noon 정오 temple 절 weekend 주말

07 to부정사의 형용사적 용법

해설 to부정사는 명사를 뒤에서 수식하므로 주어진 단어들을 배열하면 'I have a problem to solve.'이다. 따라서 끝에서 두 번째에 올 단어는 ② to이다.

08 가주어 it / 동명사 관용 표현 / 의문사 + to부정사

해석 a. 네 비밀번호를 바꾸는 것은 쉽다. b. 그는 전화를 받느라 바빴다. c. 나는 내 차를 어디에 주차할지 모르겠다.

해설 a. 가주어 It이 쓰였으므로, 빈칸에는 진주어 역할을 하는 to부정사가 들어가야 한다. / b. 「be busy v-ing」는 '~하느라 바쁘다'의 의미이다. / c. 「where to-v」는 '어디서 ~할지'의 의미이다.

어휘 password 비밀번호 park 주차하다

09 동명사의 목적어 역할 / to부정사의 목적어 역할 / 동명사의 부정형

해석 a. 그는 직장을 그만두는 것에 대해서 생각 중이다. b. 사실, 나는 오늘 밤에 떠나기로 계획했다. c. 나는 그 회의에 참석하지 못한 것이 유감이었다.

해설 a. 전치사 뒤에 동사가 올 경우, 동명사 형태로 써야 한다. / b. plan은 to부정사를 목적어로 쓰는 동사이다. / c. 전치사 뒤에 동사가 올 경우, 동명사 형태로 써야 하며, 동명사의 부정은 동명사 바로 앞에 not이나 never를 붙인다.

어휘 attend 참석하다

10 의문사 / 과거시제

해석 A: 너는 지난 주말에 무엇을 했니? B: _____

A: 정말? 거기에서 뭘 했는데? B: 많은 물고기를 봤어. 그것은 굉장히 재미있었어!
① 나는 수족관에 갔어. ② 나는 다양한 물고기를 보는 것을 좋아해.
③ 나는 집에 있고 싶지 않았어. ④ 나는 지난 주말에 즐거운 시간을 보냈어. ⑤ 우리는 바다 동물을 구해야만 해.

해설 의문사 What을 이용해 지난 주말에 한 일을 물어보는 A의 질문에 ① 처럼 동사의 과거형을 써서 구체적으로 한 일의 내용을 답하는 것이 자연스럽다.

어휘 aquarium 수족관 save 구하다

11 진행형의 의문문

해석 질문: _____ 대답: 네, 그렇습니다.
① 그는 무엇을 하고 있습니까? ② 그는 바이올린을 연주하고 있습니까?
③ 그는 바이올린을 연주하고 있었습니까? ④ 그는 바이올린을 연주합니까? ⑤ 그는 바이올린을 연주했습니까?

해설 대답에서 be동사의 현재형 is를 써서 대답했으므로 ②와 같이 현재진행형을 써서 질문해야 한다.

12 일반동사의 현재형, 과거형

해석 (A) Samantha는 그녀의 새 직업을 좋아한다. (B) 내 여동생은 영문학을 공부한다. (C) 나는 일주일 동안 삼촌댁에 머물렀다.

해설 (A) 주어가 3인칭 단수일 때, 일반동사 현재형은 대부분 동사원형 뒤에 -s를 붙인다. / (B) 주어가 3인칭 단수일 때, study처럼 「자음 + y」로 끝나는 동사는 y를 i로 바꾸고 -es를 붙인다. / (C) 일반동사의 과거형은 대부분 동사원형 뒤에 -ed를 붙인다.

어휘 literature 문학

13 의문사

해석 a. 너의 고향은 어디니? b. 지금 몇 시니? c. 우리 밖에 나가는 게 어때? d. 너의 어머니의 직업은 무엇이니? e. 너는 얼마나 자주 테니스를 치니?

해설 a에는 의문사 Where, b와 d의 빈칸에는 의문사 What, c의 빈칸에는 의문사 Why, e의 빈칸에는 의문사 How가 들어간다.

14 조동사 must

해석 ① 내 상사는 몹시 바쁜 게 틀림없다. ② 너는 이 컴퓨터를 사용해서는 안 된다. ③ 그들은 오전 11시 전에 여기에 도착해야 한다. ④ 저 노부인은 아흔 살이 넘은 게 틀림없다.

해설 must는 '~해야 한다'라는 뜻의 〈의무〉나 '~임에 틀림없다'라는 뜻의 〈강한 추측〉을 나타내는 조동사이다. must는 will과 연달아 함께 쓰일 수 없으므로 ⑤의 빈칸에는 must를 쓸 수 없고, have to가 들어가야 한다.

15 be동사 / There + be동사 / 조동사

해석 ② 너는 어제 아팠었니? ④ 그는 아직 그 소식을 알지 못할 수도 있다.

해설 ① yesterday(어제)는 과거를 나타내는 부사이므로, 현재형 be동사 is와는 어울리지 않는다. (is → was) ③ an apple은 단수명사이므로,

복수형 be동사가 아닌 단수형이 와야 한다. (are → is) ⑤ 조동사가 포함된 문장의 의문문은 「의문사 +) 조동사 + 주어 + 동사원형 ~?」의 형태로 쓴다. (When you will → When will you)

어휘 bowl 그릇   yet 아직

16 비교급 강조 / 빈도부사 / 형용사
해석 ① 난 어제보다 훨씬 더 나아졌다.   ② 나는 항상 나의 파란색 모자를 쓴다.   ④ 그녀는 때때로 직장에 늦는다.   ⑤ 나는 결코 같은 실수를 저지르지 않을 것이다.

해설 ③ someone처럼 -one, -thing, -body로 끝나는 대명사는 형용사가 뒤에서 수식한다. (honest someone → someone honest)

어휘 hire 고용하다   honest 정직한   make a mistake 실수하다

17 동사의 시제 / 일반동사
해석 b. 그들은 두 달 전에 파리로 이사했다.   d. 이 버스는 이 정류장에 서지 않는다.

해설 a. want처럼 〈생각〉을 나타내는 동사는 진행형으로 쓸 수 없다. (am wanting → want) / c. 과거시제이므로 일반동사의 과거형이 되어야 한다. (sleeps → slept) / e. 일반동사 과거형의 의문문은 「Did + 주어 + 동사원형 ~?」의 형태로 만든다. (Did you watching → Did you watch)

어휘 station 정류장

18 조동사 / 동사의 시제 / to부정사의 목적어 역할 / 동명사의 목적어 역할
해석 ① 너는 우리 집에서 살아도 된다.   ③ 나는 3년 전에 파리에 살았다.   ④ 그녀는 아파트에 살고 싶어한다.   ⑤ 그는 해변 근처에서 사는 것에 대해서 생각 중이다.

해설 ② 현재진행형의 의문문은 「be동사의 현재형 + 주어 + v-ing」로 쓴다. (live → living)

어휘 apartment 아파트

19 동명사 / to부정사
해석 ② 네 여동생을 그만 괴롭혀!   ③ 그녀는 그림 그리는 것을 즐긴다.   ④ 시청으로 어떻게 가는지 저에게 말해주세요.   ⑤ 그 집은 살 가치가 있다.

해설 ① someone이 전치사 with[to]의 목적어이기 때문에(talk with[to] someone) 전치사 with[to]를 생략하지 말고 써 주어야 한다. (to talk → to talk with[to])

어휘 bother 괴롭히다   City Hall 시청

20 동사의 시제
해석 ① 너는 어젯밤에 아팠니?   ③ 우리는 아랍어를 배우고 있다.   ④ 엄마는 커피를 드시지 않으신다.   ⑤ 그들은 어제 좋은 시간을 보냈니?

해설 ② last night(어젯밤)은 과거를 나타내는 말이므로, 일반동사 과거형을 써야 한다. (drives → drove)

어휘 Arabic 아랍어

21 부가의문문
해석 1) A: 너는 훌륭한 축구 선수지, 그렇지 않니?   B: 응, 그래. 나는 우리 팀에서 최고의 선수야.
2) A: Sam은 포도를 좋아하지, 그렇지 않니?   B: 응, 그래. 그는 사과도 좋아해.

해설 1) 부가의문문에 대해 대답하는 내용이 긍정이면, 「Yes, + 주어 + 동사」로 대답한다.
2) 부가의문문을 만들 때, 긍정의 평서문 뒤에는 부정의 부가의문문을 써야 한다. 평서문에 일반동사가 쓰였으므로 부가의문문에는 do 동사를 쓴다.

22 명령문 / 감탄문
해석 1) 너는 다른 사람들에게 친절하다. → 다른 사람들에게 친절해라.
2) 우리는 공원에 간다. → 우리 공원에 가자.
3) 우리는 컴퓨터 게임을 한다. → 컴퓨터 게임을 하지 말자.
4) 그 나무는 매우 키가 크다. → 그 나무는 참 키가 크구나!

해설 1) 긍정 명령문은 보통 주어를 생략하고 동사원형으로 시작한다.
2) 권유의 긍정 명령문은 「Let's + 동사원형」의 형태이다.
3) 권유의 부정 명령문은 「Let's not + 동사원형」의 형태이다.
4) How로 시작하는 감탄문은 「How + 형용사 (+ 주어 + 동사)!」의 형태이다.

23 동명사 관용 표현
해설 '~하러 가다'의 의미인 「go v-ing」 형태를 사용해서 문장을 완성한다.

24 조동사
해석 Dave의 새해 결심
첫째, 나는 더 자주 운동할 것이다. 둘째, 1) 나는 아침에 일찍 일어날 것이다.
셋째, 2) 나는 남들에게 친절해질 것이다.

해설 1) '~할 예정이다'의 의미인 be going to를 사용해서 문장을 완성하도록 한다.
2) '~할 것이다'의 의미인 will을 사용해서 문장을 완성하도록 한다.

어휘 exercise 운동하다

25 동명사의 목적어 역할 / to부정사의 목적어 역할
해석 A: 저는 훌륭한 가수가 되고 싶어요. 제가 무엇을 해야 할까요?
B: 너는 노래하는 것을 연습해야 해. 그리고 피아노 연주하는 것을 배우는 게 어때? A: 네. 조언 감사드려요.

해설 2행: practice는 동명사를 목적어로 쓰는 동사이다. (to sing → singing)
3행: learn은 to부정사를 목적어로 쓰는 동사이다. (playing → to play)

어휘 advice 조언

MEMO

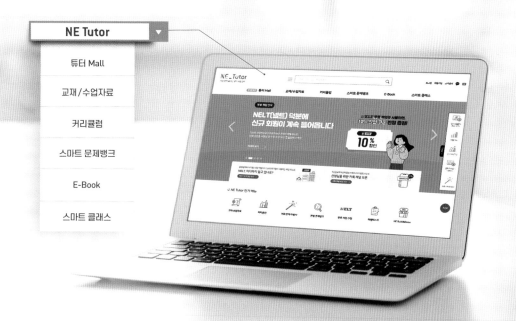

     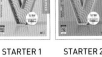